OMAS BESTE REZEPTE

Gemüse

OMAS BESTE REZEPTE

Gemüse

Herausgegeben und zusammengestellt
von
Sonja Carlsson

BELLAVISTA

Weitere Titel aus dieser Reihe:

Hackfleisch	ISBN 3-89893-109-9
Kartoffeln	ISBN 3-89893-108-0
Kuchen & Torten	ISBN 3-89893-053-x
Nudeln & Spätzle	ISBN 3-89893-055-6
Pfannengerichte & Aufläufe	ISBN 3-89893-054-8
Plätzchen	ISBN 3-89893-111-0
Suppen & Eintöpfe	ISBN 3-89893-056-4

Herausgegeben in Deutschland

Venloer Str. 1271
D - 50829 Köln
www.karl-mueller-verlag.de

Redaktion und Produktion: Dr. E. Reitter, Redaktions- und Verlagsservice, München

Satz und Herstellung: Thomas Floeren, München

Umschlaggestaltung und Purchasing: Büro Norbert Pautner, München

ISBN 3-89893-110-2

Printed in China

Inhalt

Vorwort

Gemüse liegt im Trend! Ernährungswissenschaftler empfehlen, nach der „Ampelregel“ zu leben, also täglich etwas Rotes, Gelbes und Grünes zu essen. Paprikaschoten, Tomaten, Möhren, Brokkoli, Kohl und natürlich auch alle anderen Gemüsearten halten den Körper gesund, schützen nachweislich vor Krebs, vor Herz-Kreislauf-Erkrankungen und vor Darmträgheit. Gemüse, ob roh als Salat oder gegart, stärkt die körpereigenen Abwehrkräfte und verbessert den Vitaminstatus. Gemüse ist in unserer täglichen Kost deshalb wichtiger und gefragter denn je!

Wenn auch unsere Großmütter die Familie aus dem eigenen Feld und Garten versorgen konnten, blieb mangels Kühl- und Gefriergeräte die Frische oftmals auf der Strecke. Frisches Gemüse gab es nur, wenn gerade geerntet wurde. In den Wintermonaten musste man mit salzig oder sauer eingelegtem und eingeweckten Gemüse auskommen. Bekanntester Vertreter und Vitamin-C-Lieferant Nummer Eins im Winter war das Sauerkraut. Wurzelgemüse wie Knollensellerie, Möhren, Rote Bete und Meerrettich wurde in kühl-feuchten Kellern unter einer Lage Sand „eingemietet“; Kartoffeln hielten sich dort ebenfalls gut bis zur nächsten Ernte. Zwiebeln hängte man am trockenen Dachboden auf, Kräuter wurden abgeerntet und getrocknet oder in Öl konserviert. So kamen unsere Großmütter versorgungsmäßig relativ gut über die Runden, zumal damals der Fleischkonsum eher niedrig war und Fleisch vor allem am Sonntag und an besonderen Anlässen aufgetischt wurde. Gemüse dagegen kam zu Omas Zeit täglich auf den Tisch.

Heute versorgen wir uns unabhängig vom Eigenanbau mit Gemüse und Salat aus heimischen Gefilden und dem Ausland. Wir sind nicht an die Saison und Erntezeiten gebunden, denn wir werden das ganze Jahr über mit Gemüse und Salat aus der ganzen Welt beliefert. Vieles ist Freilandware, das andere gedeiht unter Glas. Darunter sind natürlich auch neuartige Züchtungen, die unseren Großmüttern noch gar nicht bekannt waren. Dennoch haben die heimischen Gemüsearten nichts

an Attraktivität verloren – im Gegenteil: Heute leben Rezepte mit Mangold, Spinat, Zwiebeln, Sellerie, Roten Beten, Steckrüben, Kohl und Kürbis wieder auf, denn interessante Zubereitungsarten und Gewürze geben diesen fast vergessenen und etwas vernachlässigten Gemüsearten neuen Pfiff.
Gemüsefans schöpfen aus dem Vollen, wenn sie sich einmal in Omas Rezeptsammlung vertiefen. Denn unsere Großmütter scheuten auch hier weder Mühe noch Zeitaufwand, um immer wieder etwas Tolles auf den Tisch zu bringen. Ob Suppe oder Salat, ob Beilage, Füllung, Gratin oder Gemüsekuchen – der Aufwand lohnte sich für sie auf jeden Fall. Heute gilt das erst recht: Tiefgekühltes Gemüse macht es uns besonders einfach, täglich die Familie mit originellen Rezepten zu überraschen, die wir Oma einfach abgeguckt haben. Die Zubereitung von Tiefkühlgemüse ist einfach, zeitsparend und wirtschaftlich. Denn was Sie beim Tiefkühlheimdienst oder in der Gefrierzone des Supermarktes kaufen, ist stets Nettoware: ohne Abfall, ohne Vorarbeiten wie Waschen, Putzen und Blanchieren. Und wer ein Gefriergerät besitzt, kann sich einen Vorrat zulegen und kommt in Sachen Gemüse gar nicht in Verlegenheit.
Trotzdem lohnt sich nach wie vor der Einkauf auf dem Wochenmarkt. Denn dort wird absolute Frische angeboten, das meiste kommt pflück- und erntefrisch aus der heimischen Region und hat nur kurze Transportwege hinter sich. Sie müssen keine vorverpackten Waren im Kilo-Pack kaufen, sondern bekommen das Gemüse in den Mengen, wie Sie es gerade frisch brauchen. Außerdem bekommen Sie dort so manchen guten Ratschlag zur Zubereitung, zum Würzen, zur Aufbewahrung und vieles mehr – das meiste wird von landwirtschaftlichen Familienbetrieben angeboten, und nicht selten sind es wiederum die Großmütter, die die Gemüsestände auf den Märkten betreiben. Sie wissen mit Sicherheit, wovon sie sprechen, und der Verbraucher kann ihren Tipps garantiert vertrauen. Nicht zu vergessen: Die Atmosphäre beim Einkaufen auf dem Markt hat etwas, das Sie in keinem Supermarkt finden!

Alle Rezeptzutaten sind – sofern nicht anders angegeben – für 4 Portionen berechnet.

Suppen und Eintöpfe

Kräutercremesuppe

4 EL Butter · 1 kleine Stange Lauch oder 200 g Frühlingszwiebeln ·
3–4 EL Mehl · 900 ml Hühnerbrühe (Instant) · 100 g süße Sahne ·
reichlich frische Kräuter (Petersilie, Kerbel, Schnittlauch, Dill, Kresse etc.)

Die Butter in einem großen Topf erhitzen. Den Lauch oder die Frühlingszwiebeln waschen und putzen, in sehr feine Streifen schneiden und in der Butter 5 Minuten andünsten. Das Mehl darüber stäuben, gleichmäßig untermischen und kurz anschwitzen. Den Topf vom Herd nehmen und die Mehlschwitze mit etwa 200 ml kalter Brühe ablöschen, die Masse mit dem Schneebesen glatt rühren und wieder erhitzen. Unter ständigem Rühren die restliche Brühe und die süße Sahne dazugießen; die Suppe muss dabei immer wieder leicht durchköcheln. Wenn die gesamte Flüssigkeit zugegeben ist, die Suppe zugedeckt noch 5 Minuten leise kochen. Inzwischen die Kräuter waschen, trockentupfen, fein hacken, zur Suppe geben und weitere 5 Minuten ziehen lassen; mit Pfeffer und Salz abschmecken.

Tipp: Eine Sauce auf der Basis von Mehlschwitze sollte stets gut durchköcheln, weil dabei der unangenehme Mehlgeschmack verschwindet. Man sollte dafür mindestens 10 Minuten Kochzeit bei schwacher Hitze einplanen; zwischendurch immer gut durchrühren. Statt der selbst gemachten Mehlschwitze kann man auch fertige Instantmehlschwitze verwenden (z. B. von Mondamin), die einfach in die Brühe eingerührt wird.

Möhrenessenz mit Eierstich

Für die Essenz: *750 g Möhren · 800 ml Gemüsefond (aus dem Glas) · 1 TL Pimentkörner · 1½ Zimtstangen · Salz* · Für den Eierstich: *2 Eier · 125 ml Milch · 75 g Allgäuer Bergkäse, gerieben · weißer Pfeffer aus der Mühle · 1 Prise Muskatnuss, gerieben* · Außerdem: *1 TL Butter für die Form · Alufolie zum Abdecken*

Die Möhren waschen und mit einem Sparschäler dünn abschälen. 1 Möhre für die Garnitur beiseite legen, die anderen in Würfelchen schneiden. Den Gemüsefond zusammen mit 250 ml Wasser in einen großen Topf geben. Möhrenwürfel, Piment, Zimtstangen sowie Salz dazugeben und das Ganze aufkochen lassen. Das Gemüse zugedeckt bei milder Hitze etwa 30 Minuten köcheln lassen. Die Eier mit der Milch leicht verrühren, mit einer Gabel verquirlen, dabei den geriebenen Bergkäse untermischen. Die Masse mit Pfeffer, Muskat und Salz würzen. Den Backofen auf 175 °C vorheizen. Eine flache hitzefeste Form mit Butter ausstreichen, die Eiermasse hineingeben und die Form mit Alufolie verschließen. Die Folie rundherum fest andrücken, die Form auf ein Backblech stellen und dieses auf der mittleren Einschubleiste in den Backofen geben. Die Eiermasse in etwa 30 Minuten stocken lassen. Die beiseite gelegte Möhre in dünne Streifen schneiden. Den Eierstich aus dem Backofen nehmen. Bei halbgeöffneter Backofentüre in der Restwärme vier Suppenteller oder -tassen anwärmen. Den Eierstich aus der Form auf ein Schneidbrett stürzen und in Würfel oder Rauten schneiden. Den Eierstich und die Möhrenstreifen auf die Suppenteller oder -tassen verteilen. Die heiße Möhrenbrühe durch ein Sieb in einen anderen Topf füllen und auf die Suppenteller oder -tassen verteilen. Sofort servieren.

Tipp: Bestreuen Sie die Brühe mit fein gehackter Petersilie oder mischen Sie die Petersilie unter die Eierstichmasse.

Gemüsecremesuppe

100 g Möhren · 125 g Kohlrabi · 75 g Knollensellerie ·
125 g Kartoffeln · 1 EL Butter · 2 zarte Stiele Kohlrabigrün ·
100 g grüne Brechbohnen, in Stücken · 50 g Erbsen (Tiefkühlware) ·
500 ml Gemüse- oder Fleischbrühe (Instant) · 5 EL süße Sahne ·
weißer Pfeffer aus der Mühle· Salz · ½ Bund Petersilie ·
2 EL saure Sahne

Das frische Gemüse und die Kartoffeln waschen, putzen, schälen und in kleine Würfel schneiden. Die Butter in einem Topf erhitzen und die Gemüse- sowie Kartoffelwürfel darin unter gelegentlichem Umrühren bei milder Hitze andünsten. Das Kohlrabigrün waschen, fein hacken und untermischen. Das Tiefkühlgemüse dazugeben, mit der Brühe auffüllen und zum Kochen bringen. Bei mäßiger Hitze im geschlossenen Topf etwa 10 Minuten garen. Etwa ein Drittel des Gemüses entnehmen und für die Einlage beiseite stellen. Das restliche Gemüse weitere 5 Minuten köcheln lassen und im Topf mit einem Passierstab fein pürieren. Die süße Sahne untermixen, die Suppe mit Pfeffer und Salz würzen und das Gemüse wieder hinzufügen. Die Petersilie waschen, trockenschütteln, fein hacken und untermischen. Die Suppe auf Teller verteilen und jede Portion mit einem Klecks saurer Sahne garnieren.

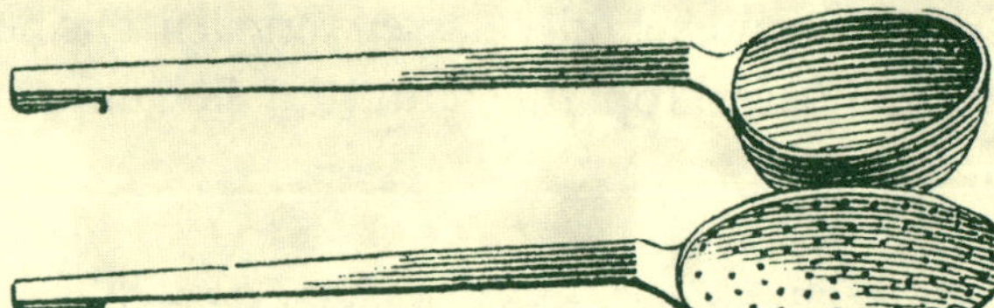

Gemüsesuppe mit pochiertem Ei

750 g frisches gemischtes Gemüse (z. B. Möhren, Erbsen, Lauch, Blumenkohl, Brokkoli, Kohlrabi, grüne Bohnen) · 1 Zwiebel · 2 TL Butter · ½ l Gemüsebrühe (Instant) · 1 Lorbeerblatt · Salz · schwarzer Pfeffer aus der Mühle · 300 g Bratwurstbrät (vom Metzger) · 2 EL Petersilie, gehackt · evtl. 2 EL Öl · 2 EL Weinessig · 4 frische Eier · einige Kerbel- oder Petersilienblättchen

Das Gemüse jeweils putzen und in mundgerechte Stücke zerkleinern. Die Zwiebel schälen und fein würfeln. Die Butter in einem ausreichend großen Suppentopf erhitzen und die Zwiebel darin glasig dünsten. Das vorbereitete Gemüse, die Gemüsebrühe und das Lorbeerblatt in den Topf geben und alles mit Salz und Pfeffer würzen. Das Ganze kurz aufkochen lassen, die Hitzezufuhr reduzieren und die Suppe etwa 30 Minuten leise köcheln lassen. Inzwischen das Bratwurstbrät mit der Petersilie verkneten und aus der Masse mit nassen Händen kleine Klößchen formen. Die Klößchen entweder in heißem Fett von allen Seiten kurz anbraten oder zum Garziehen sofort in die Suppe geben. In einem flachen Topf etwa 1 Liter Wasser zusammen mit dem Essig und 1 TL Salz aufkochen. Die Eier einzeln in einer Suppenkelle aufschlagen, portionsweise ins kochende Wasser gleiten und offen 4 Minuten darin ziehen lassen. Die Eier mit einem Schaumlöffel herausschöpfen, abtropfen lassen und in die Suppenteller legen. Die Gemüsesuppe mit Pfeffer abschmecken und zusammen mit den Klößchen in die Teller verteilen. Mit Kerbel- oder Petersilienblättchen garnieren.

Tipp: Sie können die Brätklößchen auch weglassen, dann haben Sie eine passende Suppe für die fleischlose Kost. Die Gemüsesuppe lässt sich gut auf Vorrat zubereiten und einfrieren; setzen Sie in diesem Fall die pochierten Eier erst nach der Zubereitung der eingefrorenen Suppe zu.

Schaumsüppchen aus Zuckerschoten und Spinat

½ Bund Suppengrün · 1 Zwiebel, gewürfelt · 1 Bund Petersilie, gehackt · 1 l Gemüsebrühe (Instant) · 300 g Zuckerschoten · 200 g junge Spinatblätter, geputzt · Salz · Pfeffer aus der Mühle · Muskatnuss, gerieben · etwas Butter · 6 Radieschen, in dünnen Scheiben

Suppengrün, Zwiebel und Petersilie insgesamt 30 Minuten bei mittlerer Hitze in der Gemüsebrühe garen. Nach 20 Minuten die Zuckerschoten (bis auf 16 Stück für die Dekoration) sowie den Spinat dazugeben. Die Zuckerschoten zum Garnieren 2 Minuten separat dünsten. Die Suppe mit dem Pürierstab im Topf pürieren und durch ein Sieb streichen. Mit Salz, Pfeffer und Muskat abschmecken, die Butter unterrühren und kräftig aufschäumen. Auf Teller verteilen und mit den extra gedünsteten Zuckerschoten sowie den frischen Radieschenscheiben garnieren.

Blumenkohlsuppe

600 g.Blumenkohl · Salz · 3 EL Butter · 50 g Mehl · 100 g süße Sahne · 1 EL klare Brühe (Instant) · weißer Pfeffer aus der Mühle · Muskatnuss, gerieben · 1 Bund Petersilie

Vom Blumenkohl die Hüllblätter entfernen, den Strunk knapp abschneiden, den Blumenkohl halbieren und in nicht zu kleine Stücke teilen. Den oberen Teil des Strunks verwenden und klein schneiden. In einem großen Topf reichlich Salzwasser aufkochen, den Blumenkohl hineingeben und zugedeckt bei mittlerer Hitze

15 Minuten kochen; mit einer Schaumkelle herausnehmen und in eine Schüssel geben. Mit einem Kartoffelstampfer grob zerdrücken und ein Drittel der Menge beiseite stellen. Vom Blumenkohlsud ½ Liter abnehmen.

In einem großen Topf die Butter erhitzen, das Mehl dazugeben und unter Rühren hell anschwitzen. Den Topf vom Herd nehmen, die Mehlschwitze mit der süßen Sahne ablöschen und mit einem Schneebesen alles klumpenfrei verrühren. Den Topf wieder erhitzen und weiterrühren, bis sich die Masse als Brei vom Topfboden löst. Nach und nach unter Rühren die Blumenkohlbrühe hinzugeben. Die Brühe einrühren, zum Kochen bringen und unter Rühren bei schwacher Hitze 5 Minuten köcheln lassen. Den grob zerkleinerten Blumenkohl hinzufügen und alles mit einem Passierstab fein pürieren; nochmals aufkochen lassen. Die Suppe mit Pfeffer, Muskat und Salz abschmecken. Den beiseite gelegten Blumenkohl untermischen. Die Petersilie waschen, trockentupfen, die groben Stängel entfernen und die zarten Zweige mitsamt den Blättchen fein hacken. Einen Teil unter die Suppe mischen, den Rest darüber streuen.

Tipp: Gehaltvoller und cremiger wird die Suppe, wenn Sie zusammen mit dem Blumenkohl 150 g mehlige Kartoffeln garen und diese in der Suppe mitpürieren. Das Rezept eignet sich auch ideal für die „Resteverwertung“: Wenn Sie von einer Mahlzeit Kartoffeln, Blumenkohl und weiße Sauce übrig haben, dann geben Sie alles in einen Topf, pürieren es und füllen das Ganze mit Brühe auf. Aufkochen und würzen, fertig ist die Blumenkohlsuppe! Dazu schmeckt frisches Weißbrot.

Variation: Sie können zusätzlich zum Blumenkohl noch Kohlrabi oder Brokkoli verwenden. Auf die gleiche Weise können Sie auch eine Kohlrabi- oder Brokkolisuppe zubereiten.

Brokkolisuppe mit Croûtons

500 g frischer Brokkoli · 2 Zwiebeln · 3 EL Butter oder Margarine · ½ l Gemüse- oder Fleischbrühe (Instant) · 200 g streichfähiger Schmelzkäse (z. B. von Hochland) · weißer Pfeffer aus der Mühle · Muskatnuss, gerieben · Salz · 2 Scheiben Toastbrot · 3 EL Kräuterbutter · 1 Bund Schnittlauch

Die Brokkoliröschen von den Stielen schneiden. Den dicken Strunk unten knapp abschneiden, den Strunk und die dickeren Stiele mit einem spitzen Messer dünn schälen. Die Stiele und Strünke in dünne Scheiben schneiden. Die Zwiebeln schälen und sehr fein würfeln. In einem großen Topf die Butter oder Margarine erhitzen und die Zwiebeln darin glasig dünsten. Die geschnittenen Brokkolistiele dazugeben und rundherum gut andünsten. Die Brühe angießen und das Ganze zugedeckt 15 Minuten bei mittlerer Hitze garen; mit einem Passierstab fein zerkleinern. Erneut erhitzen, den Schmelzkäse löffelweise in die heiße Suppe geben und mit einem Schneebesen gründlich verrühren. Die Suppe aufkochen lassen und mit Pfeffer, Muskat und Salz abschmecken. Die Brokkoliröschen dazugeben und die Suppe zugedeckt 5 Minuten bei milder Hitze köcheln lassen.

Inzwischen die Toastbrotscheiben entrinden und würfeln. Die Kräuterbutter in einem Pfännchen erhitzen und die Toastbrotwürfel darin von allen Seiten rösten. Den Schnittlauch waschen, trockentupfen und in feine Röllchen schneiden. Die Suppe auf vier Teller oder Suppentassen verteilen und mit Croûtons sowie mit Schnittlauch bestreuen.

Tipp: Sie können die Brokkolisuppe auch mit Doppelrahmfrischkäse anstatt mit Schmelzkäse zubereiten. Er enthält mehr Fett, schmilzt aber sehr zart und bindet nur wenig; die Suppe bleibt flüssiger. Geben Sie den Käse erst nach dem Kochen zu.

Weißkohlsuppe

*250 g Weißkohlkopf · 2 Zwiebeln · 1 EL Öl ·
1 l Gemüsebrühe (Instant) · 1 EL Kümmel · 2 EL Weißwein ·
Pfeffer aus der Mühle · 4 Scheiben Toastbrot · 1 EL Butter ·
100 g Käse, gerieben (z. B. Emmentaler, Gouda, Bergkäse)*

Den Weißkohl waschen, den Strunk sowie die breiten Rippen entfernen und den Rest hobeln oder in feine Streifen schneiden. Die Zwiebeln schälen, halbieren und längs in Streifen schneiden. Das Öl in einem Topf erhitzen und darin den Kohl sowie die Zwiebelstreifen kurz dünsten. Die Gemüsebrühe dazugießen, den Kümmel hinzufügen, mit Wein und Pfeffer abschmecken und 10 bis 15 Minuten bei schwacher Hitze köcheln lassen. Inzwischen die Toastbrotscheiben rösten, in Dreiecke schneiden und mit Butter bestreichen. Die Suppe in vier feuerfeste Suppenschalen füllen, jeweils zwei Brotdreiecke darauf legen und mit Käse bestreuen. Die Suppenschalen bei 220 °C so lange in den Backofen stellen, bis der Käse geschmolzen ist. Sofort servieren.

Tipp: Je länger Sie den Weißkohl dünsten, desto besser! Der Kohl wird dadurch schmackhafter und bekömmlicher. Sie können die Suppe vor dem Überbacken noch mit Crème fraîche verfeinern.

Lauch-Käse-Suppe

800 g Lauch · 2 Zwiebeln · 3 EL Butter · ¾ l Gemüsebrühe (Instant) · 200 g streichfähiger Schmelzkäse · 200 g süße Sahne · weißer Pfeffer aus der Mühle · Salz · ½ Bund Petersilie

Den Lauch kurz waschen, die Wurzelenden und die harten, faserigen Blätter sowie alle welken Teile wegschneiden und das Gemüse unter fließendem Wasser gründlich abspülen. Die Lauchstangen in schmale Scheiben schneiden, diese zu Ringen auseinanderdrücken und nochmals in reichlich Wasser sorgfältig waschen, um alle Erd- und Sandreste zu entfernen; auf ein Sieb schütten, überbrausen und gut abtropfen lassen. Die Zwiebeln schälen und fein würfeln. In einem großen Topf die Butter erhitzen und die Zwiebelwürfel darin glasig dünsten. Den Lauch hinzugeben und bei mittlerer Hitze etwa 5 Minuten leicht andünsten. Die Brühe angießen und das Ganze zugedeckt bei mittlerer Hitze etwa 20 Minuten kochen lassen.

Den Schmelzkäse löffelweise zur Suppe geben und mit einem Schneebesen verrühren. Die süße Sahne unterziehen und die Suppe einmal aufkochen lassen; mit Pfeffer und Salz abschmecken. Die Petersilie waschen und mit Küchenpapier trockentupfen. Die dicken Stängel entfernen und die zarten Zweige mitsamt den Blättchen fein hacken; über die Suppe streuen.

Tipp: Die Suppe kann man auch als Cremesuppe zubereiten: Das Gemüse wird vor der Zugabe des Käses mit einem Passierstab püriert, dann werden die restlichen Zutaten zugesetzt.

Variation: Besonders fein schmeckt die Suppe, wenn Sie kross gebratene Schinkenstreifen darauf verteilen. Für Vegetarier empfehlen wir geröstete Sesamsamen zum Bestreuen. Eine sättigende Mahlzeit wird daraus, wenn

Sie in Scheiben geschnittene Würstchen (Wiener, Regensburger, Bockwurst, Debreziner) in der Suppe erhitzen und das Ganze zusammen mit frischem Baguette oder mit rustikalen Brötchen servieren.

Französische Zwiebelsuppe

600 g Gemüsezwiebeln · 3 EL Butter · ½ TL Zucker · 1 l Gemüsebrühe (Instant) · 125 ml trockener Weißwein · weißer Pfeffer aus der Mühle · Salz · 12 kleine Scheiben Baguette (jeweils ca. 1,5 cm dick) · 2 EL Öl · 200 g Käsestifte

Die Zwiebeln schälen, vierteln und in sehr feine Streifen schneiden. In einem großen Topf die Butter erhitzen. Die Zwiebeln dazugeben und unter gelegentlichem Durchrühren 5 Minuten glasig dünsten. Den Zucker darüber streuen und das Ganze unter Rühren etwas Farbe nehmen lassen. Die Brühe langsam dazugießen und zugedeckt bei milder Hitze 10 Minuten köcheln lassen. Den Wein hinzufügen, die Flüssigkeit mit Pfeffer und Salz würzen und zugedeckt ohne Hitzezufuhr 5 Minuten ziehen lassen. Den Backofen auf 220 °C vorheizen. Die Baguettescheiben mit wenig Öl beträufeln und in einer beschichteten Pfanne ohne weitere Fettzugabe von beiden Seiten anbraten, bis sie trocken sind. Die Suppe in vier hitzefeste Suppentassen füllen, auf jede Portion drei Baguettescheiben legen und die Käsestifte darüber verteilen. Die Suppentassen auf ein Backblech stellen und die Suppe auf der mittleren Einschubleiste des Backofens etwa 10 Minuten überbacken.

Variation: Zum Überbacken eignen sich für eine Zwiebelsuppe eine Anzahl von Hartkäsesorten. Hier kommt es darauf an, ob Sie es würzig oder mild mögen. Sehr fein schmecken Greyerzer, Parmesan oder Allgäuer Bergkäse.

Rote-Bete-Suppe

500 g kleine Rote-Bete-Knollen · 1 Zwiebel · 2 EL Butter · 1 EL frischer Meerrettich, gerieben oder aus dem Glas · 3 EL Mehl · 3 EL süße Sahne · 500 ml Gemüse- oder Fleischbrühe (Instant) · weißer Pfeffer aus der Mühle · Kümmel, geschrotet · Salz · 2 EL saure Sahne · 2 EL Schnittlauchröllchen oder Kerbel, fein gehackt

Die Roten Beten waschen, abbürsten, Stiele und Strunkenden abschneiden und die Knollen in einen Topf geben; mit Wasser bedecken und zugedeckt etwa 45 Minuten weich kochen. Abgießen, abschrecken, schälen und in Würfel schneiden. Die Zwiebel schälen, fein hacken und in der Butter andünsten. Den Meerrettich hinzugeben, das Mehl darüber stäuben und das Ganze hell anschwitzen. Mit süßer Sahne ablöschen, alles zu einem Brei verrühren und nach und nach unter Rühren die Brühe hinzugeben. Die Flüssigkeit aufkochen und unter ständigem Rühren 5 Minuten köcheln lassen. Die Roten Beten hinzugeben und mit einem Passierstab im Topf fein pürieren. Die Suppe zugedeckt bei milder Hitze 5 Minuten köcheln lassen und mit Pfeffer, Kümmel und Salz abschmecken. Die Suppe auf vorgewärmte Suppentassen verteilen, auf jede Portion einen Klecks saure Sahne setzen und die Kräuter darauf streuen.

Zucchinicremesuppe

Für die Gemüsebrühe: *600 g Gemüse (Möhren, Lauch, Sellerie, Kohlrabi, Zucchini, Weißkohl) · 100 g Champignons · 2 Zwiebeln · 1 kleines Lorbeerblatt · etwas Wurzelpetersilie · 2 schwarze Pfefferkörner, zerdrückt ·*
Außerdem: *3 Zwiebeln · 2 Knoblauchzehen · 800 g Zucchini · 1 EL Butter · 8 EL Haferflocken (z. B. von Kölln) · 100 ml trockener Weißwein · 100 g süße Sahne · Salz · schwarzer Pfeffer aus der Mühle · 2 Zweige Oregano*

Das Gemüse jeweils putzen und grob zerkleinern. Die Champignons ebenfalls putzen und in Scheiben schneiden. Die Zwiebeln schälen und vierteln. Alle Zutaten in einen ausreichend großen Topf geben, mit etwa 1,8 Liter Wasser auffüllen, aufkochen und bei schwacher Hitze etwa 1 Stunde köcheln lassen; zwischendurch immer wieder den aufsteigenden Schaum abschöpfen. Ein Haarsieb mit einem Küchentuch auslegen und die Brühe abseihen. Etwa ½ Liter abnehmen, den Rest einfrieren oder anderweitig verwenden. Die Zwiebeln und den Knoblauch schälen und fein würfeln. Die Zucchini putzen, waschen und in feine Streifen schneiden. Einige Streifen zum Garnieren beiseite legen.

Die Butter in einem großen Topf erhitzen und Zwiebeln sowie Knoblauch darin glasig werden lassen. Die Zucchinistreifen hinzufügen und 5 Minuten dünsten. Die Brühe angießen, aufkochen lassen und die Haferflocken einrühren. Die Suppe etwa 5 Minuten köcheln lassen und mit einem Pürierstab pürieren. Die Suppe nochmals erhitzen, den Weißwein und die Sahne mit einem Schneebesen einrühren. Mit Salz und Pfeffer abschmecken, die Oreganoblättchen von den Stielen zupfen und hinzufügen. Die Suppe in vier Teller füllen und mit Zucchinistreifen garnieren.

Tipp: Wenn Sie es einmal eilig haben sollten, können Sie statt der selbst gemachten Gemüsebrühe auch eine Instant-Gemüsebrühe verwenden.

Selleriecremesuppe

*2 kleine Sellerieknollen · 2 Kartoffeln · 3 EL Butterschmalz ·
¾ l Gemüsebrühe (Instant) · 250 g süße Sahne · 1 Eigelb · Salz ·
weißer Pfeffer · Sellerieblätter zum Garnieren*

Sellerieknollen und Kartoffeln schälen und in kleine Würfel schneiden. 3 EL Selleriewürfel zurückbehalten. Die übrigen Kartoffel- und Selleriewürfel in Butterschmalz hell anbraten, mit Gemüsebrühe aufgießen und 5 Minuten kochen. Vom Herd nehmen und mit dem Mixstab gut pürieren. Die restlichen Selleriewürfel dazugeben und nochmals etwa 3 Minuten köcheln lassen. Die süße Sahne mit dem Eigelb verquirlen und in die Suppe rühren. Vorsichtig erhitzen, aber nicht kochen. Mit Salz und Pfeffer abschmecken und mit Sellerieblättern garnieren.

Spargelcremesuppe

*500 g weißer Spargel · Zucker · 5 EL Butter ·
3 EL Mehl · 125 g süße Sahne · 1 Eigelb · Salz ·
Pfeffer aus der Mühle · Saft und abgeriebene
Schale von ½ unbehandelten Zitrone*

Den Spargel waschen, trockentupfen, schälen und in mundgerechte Stücke schneiden. Die Spargelabfälle in reichlich Salzwasser mit 1 Prise Zucker aufkochen, 15 Minuten köcheln lassen und durch ein Sieb gießen. Die Spargelstücke in der aufgefangenen Brühe etwa 20 Minuten garen. Die Butter in einer Pfanne zerlassen und das Mehl darin anschwitzen. Die Mehlschwitze unter den Spargelsud ziehen und die Suppe 15 Minuten köcheln lassen. Sahne und Eigelb verquirlen und die Suppe legieren, sie darf dabei nicht mehr kochen. Den Spargel hinzufügen und die Suppe mit Salz, Pfeffer, Zitronensaft sowie -schale abschmecken.

Tomatensuppe

600 g vollreife feste Tomaten · 2 EL Sonnenblumenöl · 500 ml Gemüsebrühe (Instant) · 1 Scheibe Pumpernickel · Pfeffer aus der Mühle · Salz · 2 EL Enzym-Fermentgetreide (aus dem Reformhaus) · 2 EL Brottrunk (z. B. von Kanne) · 100 g süße Sahne · 1 TL Speisestärke · 2 EL Petersilie, fein gehackt

Die Tomaten über Kreuz einritzen, mit kochendem Wasser überbrühen, enthäuten, halbieren, aushöhlen und das Fruchtfleisch klein schneiden. Das Öl in einem Topf erhitzen und die Tomaten darin andünsten. Die Brühe angießen und zugedeckt 5 Minuten bei milder Hitze köcheln lassen. Die Tomaten mit einem Passierstab im Topf pürieren. Eine beschichtete Pfanne erhitzen, die Pumpernickelscheibe zerkrümeln und ohne Fettzugabe darin anrösten; mit Pfeffer, Salz, Fermentgetreide sowie Brottrunk pikant abschmecken. Die Hälfte der Sahne mit der Speisestärke verrühren und die Mischung in die Suppe einrühren; kurz köcheln lassen, die Pumpernickelkrümel unterrühren und die Suppe auf vier Teller verteilen. Die restliche Sahne darüber geben und mit Petersilie bestreuen.

Tipp: Wenn es schnell gehen soll, können Sie auch geschälte Tomaten aus der Dose verwenden. Statt mit süßer kann man die Suppe auch mit saurer Sahne oder Crème fraîche verfeinern.

Schwäbische Tomatensuppe

120 g Spätzle (aus dem Kühlregal) · 1 TL Öl zum Kochen · Salz · 2 mittelgroße Zwiebeln · 2 EL Butter · 300 g Lauch · 2 grüne Paprikaschoten · 2 EL Mehl · 1 l Tomatensaft · 1 EL gekörnte Brühe (Instant) · weißer Pfeffer aus der Mühle · 2 EL Petersilie, fein gehackt

Etwa 1,2 Liter Wasser zum Kochen bringen, die Spätzle, Öl sowie Salz hinzufügen und die Spätzle nach Packungsanweisung in etwa 13 Minuten bissfest garen. Inzwischen die Zwiebel schälen und in feine Würfel schneiden. In einem Topf die Butter erhitzen und die Zwiebelwürfel darin glasig werden lassen.

Den Lauch putzen, gründlich waschen, die Stangen der Länge nach durchschneiden und das Innere sorgfältig unter fließendem Wasser ausspülen, bis keine Sandreste mehr vorhanden sind. Den Lauch gut abtropfen lassen, quer in feine Streifen schneiden und zu den Zwiebeln in den Topf geben; kurz durchrühren und einige Minuten mitdünsten. Die Spätzle auf ein Sieb schütten, abschrecken und gut abtropfen lassen. Die Paprikaschoten waschen, abtrocknen, halbieren und den Stielansatz, die Kerne sowie die weißen Innenteile jeweils entfernen. Das Fruchtfleisch fein würfeln, unter die Zwiebelmischung rühren und zugedeckt 3 Minuten mitdünsten. Eventuell 2 EL Wasser hinzugeben. Das Mehl darüber stäuben, gut untermischen und kurz anschwitzen lassen. Den Topf vom Herd nehmen, den Tomatensaft dazugießen und mit einem Schneebesen gleichmäßig unterziehen. Das Ganze bei milder Hitze 5 Minuten kochen lassen, die gekörnte Brühe einrühren und die gegarten Spätzle hinzufügen. Die Suppe mit Pfeffer und Salz kräftig abschmecken; kurz ziehen lassen, mit Petersilie bestreuen und sofort servieren.

Variation: Statt mit Tomatensaft kann man die Suppe auch mit Tomatenpüree aus der Packung oder mit geschälten Tomaten aus der Dose, die grob gewürfelt werden, zubereiten; sie wird dann etwas sämiger und schmeckt besonders fruchtig. Würzen Sie mit einem Spritzer Sherry, grob gemahlenem schwarzem Pfeffer und fein gehacktem Basilikum. Statt der Spätzle können Sie auch geröstete Toastbrotwürfel oder Croûtons zur Suppe geben.

Kürbiscremesuppe

1 kleiner Kürbis (ca. 3 kg) · 750 ml Milch · 500 ml Gemüsebrühe (Instant) · 50 g Haferflocken (z. B. Instant-Haferflocken von Kölln) · weißer Pfeffer aus der Mühle · Muskatnuss, gerieben · Salz · Weißweinessig · 100 g Toastbrot · 150 g Gouda, geraspelt

Den Backofen auf 175 °C vorheizen und eine Fettpfanne bereit stellen. Den Kürbis waschen, trockentupfen und einen flachen Deckel so abschneiden, dass ein „Topf" entsteht. Die Samen und Kerngehäuse herausschaben. Die Milch und die Brühe in den Kürbis füllen. Den Kürbisdeckel darauf setzen, in die Fettpfanne stellen und im Backofen auf der zweiten Einschubleiste von unten etwa 70 Minuten garen. Die Flüssigkeit und das weich gekochte Kürbisfleisch aus dem Kürbis schöpfen und in einem Mixer pürieren. Die Flüssigkeit mit den Haferflocken verquirlen und mit Pfeffer, Muskat, Salz und 1 Spritzer Essig abschmecken. Den Grill des Backofens einschalten. Die Kürbiscreme in den Kürbis füllen. Die Brotscheiben im Toaster rösten, in feine Würfel schneiden und diese auf der Suppe verteilen. Den Käse auf die Suppe streuen und unter dem Grill im Backofen offen 5 Minuten gratinieren. Die Suppe herausnehmen, den Deckel auflegen und sofort servieren.

Tipp: Sie können die gerösteten Toastbrotscheiben auch mit Knoblauch einreiben und in Würfel schneiden; das macht die Suppe pikanter.

Feine Erbsensuppe

1 l klare Fleischbrühe (Instant) · 500 g Tiefkühlerbsen · 200 g süße Sahne · 2 EL Mehl · weißer Pfeffer aus der Mühle · Salz

Die Fleischbrühe aufkochen und die Erbsen 5 bis 7 Minuten darin garen. Die Brühe mit den Erbsen durch ein Sieb in einen anderen Topf streichen. Die Hälfte der süßen Sahne unterrühren, 5 EL Flüssigkeit abnehmen, mit dem Mehl glatt rühren und in die köchelnde Suppe geben. Die Suppe unter ständigem Rühren 5 Minuten köcheln lassen und mit Pfeffer und Salz abschmecken. Die restliche Sahne steif schlagen. Die Suppe in Suppentassen füllen und auf jede Portion ein Sahnehäubchen geben.

Kerbelrahmsuppe

3 EL Butterschmalz · 1 Schalotte · 3 EL Mehl · ½ Liter Gemüsebrühe (Instant) · 150 g frischer Kerbel · 30 g junge Spinatblätter · 200 g süße Sahne · 2 EL trockener Weißwein · weißer Pfeffer aus der Mühle · Salz · 3 Scheiben Toastbrot oder Kastenweißbrot · ½ Knoblauchzehe

Das Butterschmalz in einem Topf erhitzen. Die Schalotte schälen, fein würfeln und darin glasig werden lassen. Das Mehl darüber stäuben und kurz unter Rühren anschwitzen. Den Topf vom Herd nehmen, die Mehlschwitze mit der Hälfte der kalten Brühe ablöschen und alles klumpenfrei verrühren. Den Topf wieder erhitzen, unter ständigem Rühren die restliche Brühe dazugeben, und alles bei schwacher Hitze

10 Minuten durchköcheln; zwischendurch immer wieder umrühren. Den Kerbel und die Spinatblätter waschen, verlesen und im Mixer oder mit dem Pürierstab ganz kurz pürieren. Die Sahne dazugießen und das Ganze glatt pürieren. Die Mischung zur Suppe geben, alles nochmals kurz erhitzen, aber nicht mehr kochen lassen; mit Pfeffer und Salz abschmecken. Die Brotscheiben goldbraun toasten, auf einer Seite mit der Knoblauchzehe einreiben und in Würfelchen schneiden. Die Suppe auf Teller oder Suppentassen verteilen und die Croûtons darüber geben.

Grünkernsuppe

4 Schalotten · 4 Stangen Staudensellerie mit Grün · 200 g kleine Champignons · 2 EL Öl · 100 g mittelfeines Grünkernvollkornschrot · Salz · schwarzer Pfeffer aus der Mühle · ½ l Gemüsebrühe (siehe Rezept Seite 23 oder Instantbrühe) · 100 g Crème fraîche · 2–3 EL Zitronensaft · 2 EL Kürbiskerne · einige Basilikumblättchen

Die Schalotten schälen und sehr fein würfeln. Den Sellerie waschen, das Grün abschneiden und die Blätter grob hacken. Von den Stangen die Fäden abziehen und den Sellerie schräg in kleine Stücke schneiden. Die Champignons waschen und putzen. Das Keimöl in einem Topf erhitzen und die Schalotten, den Sellerie und die Champignons darin andünsten. Das Grünkernvollkornschrot einrühren, mit Salz und Pfeffer würzen und die Gemüsebrühe angießen. Die Suppe zugedeckt bei geringer Hitze etwa 10 Minuten kochen lassen. Zuletzt das Selleriegrün hinzufügen und die Crème fraîche einrühren. Die Grünkernsuppe mit Zitronensaft abschmecken und in vorgewärmten Suppentassen anrichten. Jede Portion mit Kürbiskernen bestreuen und mit Basilikumblättchen garnieren.

Sauerkrauttopf

*250 g durchwachsener Räucherspeck · 1 Zwiebel · 1 Knoblauchzehe ·
¾ l Fleischbrühe (Instant) · 425 g Sauerkraut (aus der Dose) ·
250 g Kasseler · 1 grüne Paprikaschote · 1 EL edelsüßes Paprikapulver ·
Tabasco · Salz · 250 g Kabanossi (Brühwürste) · 150 g Crème fraîche*

Den Räucherspeck fein würfeln und in einem großen Topf anbraten. Die Zwiebel und die Knoblauchzehe schälen, fein würfeln, dazugeben und dünsten, bis die Zwiebelwürfel glasig sind; mit der Fleischbrühe auffüllen und zum Kochen bringen. Das Sauerkraut hinzugeben, das Kasseler würfeln, untermischen und die Suppe zugedeckt etwa 30 Minuten köcheln lassen. Die Paprikaschote waschen, putzen, die Kerne sowie die weißen Innenteile entfernen und die Schote in feine Streifen schneiden; zur Suppe geben und mit Paprikapulver, Tabasco und Salz abschmecken. Die Kabanossi in dünne Scheiben schneiden, dazugeben und bei schwacher Hitze in der Suppe 15 Minuten ziehen lassen. Die Suppe vom Herd nehmen und die Crème fraîche unterrühren.

Linseneintopf

250 g getrocknete Linsen · 200 g getrocknete, ungeschwefelte Aprikosen · 100 g durchwachsener Speck · 1 Zwiebel · 1 l Rindfleischbrühe (Instant) · 125 ml trockener Rotwein · 125 g Lauch · 150 g geräucherte Putenbrust · 1–2 EL Essigessenz · Zucker nach Geschmack · Salz · schwarzer Pfeffer aus der Mühle

Die Linsen auf einem Sieb waschen und in 1 Liter kaltem Wasser über Nacht einweichen. Die Aprikosen ebenfalls über Nacht in Wasser einweichen. Den Speck fein würfeln. Die Zwiebel schälen und fein hacken. Den Speck in einem großen Topf ausbraten und die Zwiebel im Speckfett glasig werden lassen. Die Linsen mitsamt dem Einweichwasser, die Brühe sowie den Rotwein hinzufügen und zugedeckt etwa 30 Minuten köcheln lassen. Den Lauch putzen, waschen und in 2 cm lange Stücke schneiden. Die Aprikosen abtropfen lassen. Beides zum Eintopf geben und diesen nochmals etwa 10 Minuten garen. Die Putenbrust in kleine Würfel schneiden und in den Eintopf geben; mit Essigessenz, Zucker, Salz und Pfeffer abschmecken. Den Linseneintopf in vier tiefe, vorgewärmte Teller füllen und sofort servieren.

Tipp: Bestreuen Sie den Linseneintopf vor dem Servieren mit reichlich fein gehackter Petersilie. Anstelle der Putenbrust können Sie auch gekochten Rindersaftschinken oder Wiener Würstchen in den Eintopf geben.

Variation: Bereiten Sie den Linseneintopf einmal vegetarisch zu: nur Linsen und Gemüse (Möhren, Lauch, Zwiebel, Knollensellerie) zusetzen und den fertigen Eintopf mit etwas saurer Sahne garnieren.

Gemüseeintopf mit Grießnockerln

Für die Nockerln: *200 ml Gemüsebrühe (Instant) · 75 g Hartweizengrieß · 1 Msp. Backpulver · weißer Pfeffer aus der Mühle · Muskatnuss, gerieben · Salz · 1 Eigelb · 2 EL Petersilie, fein gehackt* · Für den Gemüseeintopf: *600 ml Gemüsebrühe (Instant) · 500 g frisches Gartengemüse (Möhren, Knollensellerie, Lauch, Erbsen, Blumenkohl, Kohlrabi, grüne Bohnen) · 75 g süße Sahne*

Die Gemüsebrühe in einem kleinen Topf aufkochen lassen, den Grieß einrühren und auf schwächster Stufe nochmals zum Kochen bringen. Vom Herd nehmen, Backpulver, Würzzutaten, Eigelb sowie Petersilie unterrühren und das Ganze quellen und abkühlen lassen. Für den Eintopf die Gemüsebrühe zum Kochen bringen. Das Gemüse waschen, putzen, je nach Sorte schälen, alles in mundgerechte Stücke schneiden und in der Brühe zugedeckt bei mäßiger Hitze etwa 10 Minuten garen. Die Milch dazugießen und die Suppe mit Pfeffer, Muskat sowie Salz abschmecken. Aus dem Grießteig mit Hilfe von zwei Teelöffeln Nockerln formen und in die köchelnde Suppe gleiten lassen. Aufkochen und das Ganze auf ausgeschalteter Herdplatte 10 Minuten ziehen lassen.

Tipp: Grießnockerln passen auch in andere klare Suppen und Brühen, so zum Beispiel in Rindfleisch- und Hühnerbrühe. Mischen Sie fein gehackte Kräuter (Petersilie, Schnittlauch, Kerbel) darunter, das sieht gut aus und schmeckt würzig.

Wirsing-Nudel-Eintopf

1 Zwiebel · 1 Knoblauchzehe · 250 g Wirsingkohl · 200 g Möhren · 2 EL Maiskeimöl · 3 EL gekörnte Brühe (Instant; z. B. von Knorr) · 80 g Vollkorn-Hörnchennudeln · 100 g gekochter Schinken (1 dicke Scheibe) · weißer Pfeffer aus der Mühle · Muskatnuss, gerieben · Salz · 2 EL Petersilie, fein gehackt · 2 EL geröstete Pinienkerne

Die Zwiebel und die Knoblauchzehe schälen und fein würfeln. Den Wirsing waschen, putzen, die Blätter vom Strunk lösen und in schmale Streifen schneiden. Die Möhren schälen und in dünne Streifen schneiden. Das Öl in einem großen Topf erhitzen und das Gemüse darin rundherum etwa 5 Minuten andünsten. 1 Liter Wasser hinzugeben und die gekörnte Brühe einrühren. Alles zum Kochen bringen, die Vollkornnudeln dazugeben und zugedeckt 12 bis 15 Minuten bei schwacher Hitze kochen lassen. Den Schinken in Würfel schneiden und nach Ende der Garzeit dazugeben; zugedeckt kurz durchziehen lassen. Den Eintopf mit Pfeffer, Muskat und Salz abschmecken. Vor dem Servieren mit Petersilie und Pinienkernen bestreuen.

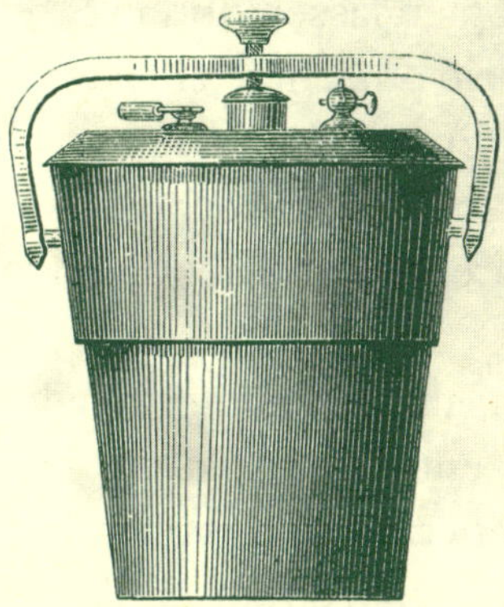

Salate und kleine Gerichte

Bunter Salatteller

Für den Salat: *1 Kopf Eisbergsalat · 200 g Kirschtomaten · 1 Bund Frühlingszwiebeln · 200 g Zuckerschoten · 2 gelbe Paprikaschoten · 240 g Artischockenherzen (aus der Dose) · 250 g Aprikosenhälften (aus der Dose) · 100 g Walnusskerne · 200 g Edamer, in Stiften (z. B. von Hochland)* · Für das Dressing: *150 g saure Sahne · 1 EL Tomatenmark · 1 EL Zitronensaft · 1 EL trockener Sherry · weißer Pfeffer aus der Mühle · Salz*

Vom Eisbergsalat die äußeren Blätter entfernen, den Strunk knapp einschneiden und den Salatkopf vom Strunk aus in zwei Hälften auseinander ziehen. Aus jeder Hälfte den Strunk keilförmig herausschneiden, die Blätter auseinander pflücken und gründlich waschen; gut abtropfen lassen und in Streifen schneiden. Die Tomaten waschen. Die Frühlingszwiebeln putzen, schälen und in feine Ringe schneiden. Die Zuckerschoten waschen, die Enden jeweils knapp abbrechen und dabei auch die Fäden abziehen. Die Zuckerschoten in kochendes Wasser geben und 2 Minuten blanchieren; abgießen, abschrecken und abkühlen lassen.

Die Paprikaschoten waschen, abtrocknen und halbieren. Die Stielansätze, Kerne sowie die weißen Innenteile entfernen und das Fruchtfleisch in dünne Streifen schneiden. Die Artischockenherzen und die Aprikosenhälften gut abtropfen lassen. Gemüse, Artischockenherzen, Aprikosenhälften und Walnusskerne in einer

Schüssel locker mischen. Den Salat auf vier Teller verteilen und die Käsestifte darüber geben. Saure Sahne, Tomatenmark, Zitronensaft und Sherry glatt rühren. Das Dressing mit Pfeffer und Salz abschmecken. Über jede Salatportion etwa 4 EL Dressing träufeln.

Frühlingssalat

1 Bund Kerbel · 4 EL Weißweinessig · weißer Pfeffer aus der Mühle · Salz · 6 EL Traubenkern- oder Olivenöl · 1 kleiner Kopf Eichblattsalat · einige Löwenzahnblätter · einige Friséesalatblätter · 200 g grüne Spargelspitzen · 100 g Möhren · 1 kleiner roter Apfel · 125 g Camembert · 2 EL Pinienkerne

Den Kerbel waschen, trockentupfen, eine Hälfte in kleine Zweige zerpflücken und für die Garnitur beiseite legen. Den restlichen Kerbel fein hacken und mit Essig, Pfeffer sowie Salz verrühren. Die Blattsalate in einzelne Blätter pflücken, diese gründlich waschen, abtropfen lassen und grob zerkleinern; auf vier Tellern schön anrichten.

Die Spargelspitzen in kochendes, leicht gesalzenes Wasser geben und 2 Minuten blanchieren; mit einer Schaumkelle herausnehmen, kalt abschrecken und abtropfen lassen. Die Möhren waschen, schälen, in streichholzdicke Stifte schneiden und zusammen mit den Spargelspitzen auf den Salatportionen verteilen. Den Apfel waschen, vierteln, vom Kerngehäuse befreien, quer in feine Scheiben schneiden und ebenfalls darauf anordnen. Den Käse in dünne Scheiben schneiden, diese halbieren und auf dem Salat verteilen. Die Kerbelzweige und die Pinienkerne darüber streuen und jede Salatportion mit dem Kerbeldressing beträufeln. Zum Schluss gemahlenen Pfeffer darüber streuen.

Lauchsalat mit Ziegenkäse

Für den Salat: *500 g Lauch · Salz · 300 g Kirschtomaten · 200 g Ziegenkäse in Scheiben · weißer Pfeffer aus der Mühle ·*
Für das Dressing: *1 Zitrone · 2 Knoblauchzehen · 1 Prise Zucker · 5 EL Olivenöl ·* Außerdem: *2 EL frische Kräuter (Gartenkresse, Petersilie, Kerbel) zum Garnieren · 100 g Baguette in Scheiben*

Den Lauch waschen, die Wurzelenden vom Wurzelansatz abschneiden, die äußeren harten Blätter entfernen und die Lauchstangen soweit kürzen, bis alle harten, stark faserigen Blattteile entfernt sind. Die Lauchstangen der Länge nach halbieren und unter fließendem kalten Wasser alle Erdreste herausspülen. Reichlich Salzwasser zum Kochen bringen. Die Lauchstangen darin 5 Minuten sprudelnd garen, auf ein Sieb schütten, kalt abschrecken und gut abtropfen lassen; schräg in 2 cm lange Stücke schneiden. Die Kirschtomaten waschen, abtrocknen, die Stielansätze abzupfen und die Tomaten halbieren. Den Ziegenkäse in mundgerechte Stücke schneiden. Lauchstücke, Tomatenhälften und Ziegenkäse auf vier Tellern anrichten; mit Pfeffer übermahlen.

Für das Dressing die Zitrone auspressen und den Saft in ein kleines Rührgefäß geben. Die Knoblauchzehen schälen und durch eine Presse dazudrücken. Zucker und Salz dazugeben, das Ganze gründlich verrühren; das Öl darunter mischen und das Dressing abschmecken. Anschließend gleichmäßig über die Salatportionen verteilen. Die Kräuter waschen, trockentupfen, grob zerkleinern und über die Salatportionen streuen. Die Baguettescheiben goldbraun toasten und zum Salat servieren.

Variation: Statt Kirschtomaten können Sie Streifen von roten Paprikaschoten nehmen; statt Ziegenkäse passt gewürfelter Schafskäse prima in den Salat.

Tomatensalat mit Basilikumdressing

Für den Salat: *750 g kleine vollreife Tomaten · Salz · weißer Pfeffer aus der Mühle · 1 Bund Frühlingszwiebeln* · Für das Dressing: *4 TL in Öl eingelegtes Basilikum (Fertigprodukt; z. B. von Ubena) · 6–8 EL Olivenöl · 4 EL Weißweinessig · 1 TL Zucker · 1 EL mittelscharfer Senf · einige Zweige frisches Basilikum zum Garnieren*

Die Tomaten waschen, abtrocknen und mit einem spitzen Messer die Stielansätze jeweils kegelförmig herausschneiden. Die Früchte in Scheiben schneiden und schuppenartig auf einer Platte anrichten; mit Salz und gemahlenem Pfeffer bestreuen. Die Frühlingszwiebeln putzen, in feine Ringe schneiden und auf den Tomaten verteilen. Für das Dressing das Basilikum in Öl mit dem Olivenöl gründlich verrühren, Essig, Zucker sowie Senf untermischen und das Dressing über die Tomaten und Frühlingszwiebeln verteilen. Den Salat zugedeckt etwa 10 Minuten durchziehen lassen. Inzwischen die frischen Basilikumzweige waschen, trockentupfen und die Blättchen von den Stielen zupfen. Den Tomatensalat mit den Blättchen garnieren.

Variation: Damit der Tomatensalat sättigender wird, können Sie ihn mit in Scheiben geschnittenem Mozzarella oder mit in Würfel geschnittenem jungem Pecorino (italienischer Hartkäse aus Schafsmilch) anreichern.

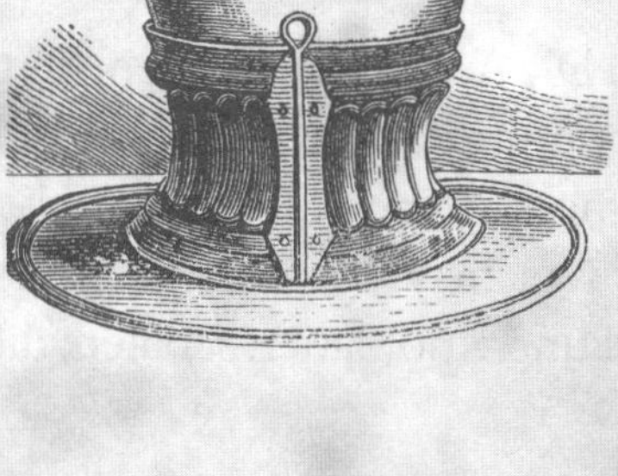

Bunter Maissalat

2 dünne Stangen Lauch · 1 grüne Paprikaschote · 2 kleine Zucchini · 300 g Mais (aus der Dose) · 2 EL süßer Senf · 6 EL Speiseöl · 2 EL Kräuteressig · Salz · Pfeffer, grob geschrotet

Den Lauch putzen, in feine Ringe schneiden und gründlich waschen. Die Paprikaschote halbieren, zusammen mit den Zucchini putzen und ebenfalls waschen; beide Gemüse in feine Streifen schneiden. Den Mais auf einem Sieb abtropfen lassen, mit den Salatzutaten mischen und auf Tellern anrichten. Für die Salatsauce Senf, Öl und Essig verrühren und mit Salz und Pfeffer abschmecken. Über den Salat geben und nach Wunsch mit Kräutern garnieren.

Maissalat mit Scampi

300 g Mais (aus der Dose) · 1 Avocado · Zitronensaft zum Beträufeln · 3 Tomaten · 100 g Feldsalat · 12 küchenfertige Scampi · 2 EL Knoblauchöl ·
Für die Vinaigrette: *1 Zwiebel · 1 Knoblauchzehe · 2 EL Zitronensaft · Salz · Pfeffer aus der Mühle · Zucker · Chilipulver · 2 EL Walnussöl*

Den Mais abtropfen lassen. Die Avocado halbieren, den Kern entfernen, die Frucht schälen, in Würfel schneiden und mit Zitronensaft beträufeln. Die Tomaten waschen, Stielansätze und Kerne entfernen und das Fruchtfleisch in Würfel schneiden. Den Feldsalat putzen und waschen. Die Scampi in heißem Knoblauchöl braten. Für die Vinaigrette Zwiebel und Knoblauch schälen, die Zwiebel fein würfeln, den

Knoblauch hacken und beides mit Zitronensaft verrühren. Mit den Gewürzen scharf abschmecken, das Walnussöl unterschlagen und mit Mais, Avocado und Tomaten vermischen. Den Feldsalat am Tellerrand arrangieren und den Maissalat in die Mitte setzen; mit Scampi garniert servieren.

Zucchinisalat mit Käse

600 g junge, zarte Zucchini · Salz · 150 g mittelalter Gouda in Scheiben · 50 g Pinienkerne · Für das Dressing: *3 EL Weißweinessig · 1 TL scharfer Senf · weißer Pfeffer aus der Mühle · 1 Schalotte · 1 Bund Basilikum · 1 Bund Schnittlauch · 6 EL Sonnenblumenöl*

Die Zucchini waschen, trockentupfen, die Enden jeweils knapp abschneiden und das Gemüse auf einem Gurkenhobel in dünne Scheiben schneiden. Reichlich Salzwasser zum Kochen bringen. Die Zucchinischeiben etwa 1 Minute darin blanchieren. Mit einer Schaumkelle herausheben und sofort in Eiswasser legen; auf Küchenpapier gut abtropfen lassen. Den Gouda in dünne Stifte schneiden. Die Pinienkerne in einer beschichteten Pfanne ohne Fettzugabe rundherum goldbraun rösten.

Essig, Senf, Pfeffer und Salz miteinander verrühren. Die Schalotte schälen und fein würfeln. Die Kräuter waschen und trockentupfen. Die Basilikumblättchen von den Stielen zupfen und in feine Streifen schneiden. Den Schnittlauch in feine Röllchen schneiden. Die Schalottenwürfelchen und die Kräuter unter die Essigmischung rühren und das Öl darunter schlagen. Die Zucchinischeiben in die Marinade geben, vorsichtig wenden und die Käsestifte sowie die Pinienkerne locker untermengen.

Linsensprossensalat

300 g frische Linsensprossen (aus dem Reformhaus) · 100 g rote Zwiebeln · 8 Walnusskernhälften · 50 g Frühlingszwiebeln · 2 rosa Grapefruits · 10 g eingelegte Ingwerknolle · 4 EL Ingweressig (siehe Tipp) oder Sherryessig · 2 EL Ingwersirup · 2 EL Öl · 1 Msp. gemahlener Kümmel · 1 Msp. Chilipulver

Die Linsensprossen in eine Schüssel geben. Die Zwiebeln schälen, in hauchdünne Scheiben schneiden und dazugeben. Die Walnusskerne grob hacken und untermischen. Die Frühlingszwiebeln waschen, putzen, in dünne Streifen schneiden und ebenfalls dazugeben. Die Grapefruits halbieren, die Filets aus den Zwischenhäuten lösen und mit dem ausgetretenen Saft in die Schüssel geben. Die Ingwerknolle in feine Streifen schneiden, mit Ingweressig, Ingwersirup, Öl, Kümmel und Chilipulver verrühren und über den Salat geben. Den Salat gut durchmischen und 1 Stunde durchziehen lassen.

Tipp: Ingweressig stellt man am besten selbst her: *100 g frische Ingwerwurzel (aus dem Delikatessenladen)* werden klein geschnitten, mit 1 Teil *Essigessenz (25% Säure)* und 4 Teilen Wasser in eine dicht schließende Flasche gegeben und 2 Wochen stehen gelassen. Ingweressig eignet sich vorzüglich für die asiatische Küche.

Linsensprossen ziehen: Man verwendet hierfür die üblichen getrockneten Linsen, wie man sie auch für einen Linseneintopf benötigt. 10 g Linsen ergeben etwa die dreifache Menge an Sprossen. Die trockenen Linsen in ein Einweckglas geben, mit kaltem Wasser bedecken und das Glas mit einem Stück Gaze oder Mulltuch überspannen. Bei Zimmertemperatur über Nacht quellen lassen, am nächsten Morgen das Wasser durch die Gaze abgießen und frisches hinzugeben. Die Linsen einmal durchschwenken und das Wasser wieder abgießen. Die nassen Linsen tagsüber keimen lassen, dabei aber nicht in die pralle Sonne stellen. Die Linsen wieder über Nacht wässern, tagsüber wieder keimen lassen. Diesen Vorgang 5 Tage lang wiederholen. Die trockenen Linsen nehmen zunächst Wasser auf und quellen, dadurch platzt das äußere, braune Häutchen und ein winziger Keim kommt zum Vorschein. Das dauert bei Zimmertemperatur etwa 2 bis 3 Tage. Der Keimling muss dann noch weitere 2 bis 3 Tage wachsen, bis die Spitzen grünlich werden. Dann schmecken die Sprossen süßlich und nussig. Linsensprossen werden frisch verzehrt oder erst am Ende der Garzeit den Gerichten beigegeben. Man mischt sie unter Salate, verwendet sie für Füllungen oder streut sie über Dips.

Wurzelgemüse

100 g helle Rosinen · 125 ml Weißwein · 10 g kleine Zwiebeln · 6 Steckrüben, geschält · 6 große Möhren, geschält · 100 g Butter · 2 EL Zucker · 1 Prise Salz · 1 frischer Thymianzweig · ½ Lorbeerblatt · ⅛ Liter Weißweinessig

Die Rosinen im Weißwein gut durchziehen lassen. Die Zwiebeln schälen und eventuell halbieren oder vierteln. Aus den Möhren und den Steckrüben mit einem Kugelausstecher kleine Kugeln ausstechen. Das Gemüse mit Butter, Zucker, dem abgezupften Thymian, Lorbeerblatt und Salz in eine große Pfanne geben und diese 1 cm hoch mit Wasser füllen. Das Gemüse aufkochen lassen und 5 Minuten weich kochen. Danach 10 Minuten unter ständigem Rühren einkochen lassen, bis der Gemüsesud karamellisiert ist. Die Rosinen, 3 EL Wein und den Essig dazugeben und nochmals aufkochen lassen.

Erbsensalat mit Krabben

500 g junge Erbsen · Salz · 250 g Krabben (aus der Dose) · 1 EL Zitronensaft · 1 EL Sonnenblumenöl · 4 EL Mayonnaise · schwarzer Pfeffer aus der Mühle · 1 Msp. Cayennepfeffer · 1 EL Dill, fein gehackt

Die Erbsen in wenig Salzwasser in 10 bis 15 Minuten bissfest garen; auf ein Sieb abgießen, abtropfen und abkühlen lassen. Die Krabben abgießen und mit dem Zitronensaft beträufeln. In einer kleinen Schüssel Öl, Mayonnaise, Pfeffer und Cayennepfeffer verrühren. Die Krabben in eine Schüssel geben und darin mit den Erbsen vermengen. Das Dressing hinzufügen, alles locker vermischen und kurz durchziehen lassen. Den Salat vor dem Servieren mit Dill bestreuen.

Rotkohlsalat

Für den Salat: *100 g entsteinte Dörrpflaumen (Trockenpflaumen) · 150 ml milder Rotwein · ½ Kopf Rotkohl · 3 EL Weinessig · 1 TL Salz · 1 Msp. Haushaltsnatron* · Für das Dressing: *1 kleiner Apfel · 2 EL Himbeersirup · 2 EL Weißweinessig · weißer Pfeffer aus der Mühle · Salz · 4 EL Sonnenblumenöl*

Die Dörrpflaumen in heißem Wasser waschen und im Rotwein etwa 3 Stunden einweichen. Den Rotkohl putzen, waschen und fein hobeln. Reichlich Wasser zusammen mit Essig, Salz und Natron aufkochen, die Rotkohlstreifen dazugeben und etwa 3 Minuten kochen lassen; abgießen, kalt abbrausen und gut abtropfen lassen. Das Gemüse in eine Schüssel geben. Die eingeweichten Pflaumen abgießen und unter den Rotkohl mischen. Für das Dressing den Apfel waschen, vierteln, das Kerngehäuse entfernen und das Fruchtfleisch fein reiben. Mit Himbeersirup, Weißweinessig, Pfeffer und Salz verrühren, das Öl darunter schlagen und das Dressing unter den Salat mischen; zugedeckt 30 Minuten durchziehen lassen.

Kohlrabi-Möhren-Salat

500 g junger Kohlrabi · 1 EL milder Essig · weißer Pfeffer aus der Mühle · Salz· 2 EL Sonnenblumenöl · 400 g junge Möhren · 2 EL Butter · 1 TL Zucker · Außerdem: *2 EL Petersilie, fein gehackt*

Die Kohlrabiknollen vom Grün befreien, schälen und zuerst in Scheiben, danach in dünne Stifte schneiden. Reichlich Wasser aufkochen und die Kohlrabistifte darin 2 Minuten sprudelnd kochen lassen; auf ein Sieb schütten, abschrecken und gut abtropfen lassen. Essig, Pfeffer und Salz in einer Schüssel mit einem Schneebesen verrühren und das Öl darunter schlagen. Die Kohlrabistifte hinzufügen und mehrmals im Dressing wenden; durchziehen lassen. Die Möhren waschen, putzen, schälen und in Würfel von 1 cm Kantenlänge schneiden. In kochendem, leicht gesalzenem Wasser 2 Minuten blanchieren, auf ein Sieb schütten, kalt abschrecken und gut abtropfen lassen. In einem Topf die Butter erhitzen und die Möhrenwürfel darin rundherum andünsten. Den Zucker gleichmäßig darüber streuen und die Möhrenwürfel unter vorsichtigem Wenden von allen Seiten glasieren. Den Kohlrabisalat auf vier Tellern verteilen, auf jedem eine Portion Möhrenwürfel anrichten und mit Petersilie bestreuen.

Radieschensalat mit Sprossen

3 große Bund Radieschen (ca. 600 g) · Salz · 2 Kästchen Kresse · 60 g frische Mungbohnensprossen · einige schöne Friséesalatblätter · 175 g Sahnedickmilch · 2 EL Zitronensaft · weißer Pfeffer aus der Mühle · 1 hart gekochtes Ei

Die Radieschen waschen, abtrocknen, in Scheiben schneiden und mit etwas Salz bestreuen; zugedeckt Saft ziehen lassen. Die Kresse abschneiden, einige Halme zu vier Sträußchen zusammennehmen und für die Garnitur beiseite legen, den Rest grob hacken und zusammen mit den Mungbohnensprossen unter die Radieschenscheiben mischen. Die Salatblätter gründlich waschen und vier Salatteller damit auslegen. Die Radieschenmischung darauf anrichten. Die Sahnedickmilch mit Zitronensaft und Pfeffer verrühren. Das Dressing über die Salatportionen verteilen. Das Ei pellen, fein würfeln und jeweils darüber streuen. Jede Portion mit einem Kressesträußchen garnieren.

Spargelsalat mit Räucherlachs

500 g weißer Spargel · 500 g grüner Spargel · 4 Schalotten · 1 Bund Dill · ½ TL Kräutersenf · 2 EL Dillessig · 4 EL Sojaöl · Salz · 200 g Räucherlachs · 1 TL rosa Pfefferkörner

Den weißen Spargel waschen, trockentupfen, schälen und die harten Enden entfernen. Das Gemüse in 5 cm lange Stücke schneiden. Den grünen Spargel waschen, trockentupfen und das untere Drittel schälen. Die Stangen ebenfalls in 5 cm lange Stücke schneiden. Beide Spargelarten in Salzwasser 2 Minuten blanchieren; herausnehmen, abtropfen und abkühlen lassen. Die Schalotten schälen und fein würfeln. Den Dill waschen, trockenschütteln und die Fähnchen abzupfen. Senf, Essig und Öl verrühren, mit Salz abschmecken und die Schalotten unter das Dressing mischen. Den Räucherlachs in Streifen schneiden und mit den Spargelstücken vorsichtig unter die Marinade heben. Den Salat auf vier Tellern anrichten, mit Dillfähnchen garnieren, mit Pfefferkörnern bestreuen und servieren.

Rote-Bete-Salat

1 kg kleine Rote-Bete-Knollen · 2 kleine Zwiebeln ·
3 EL Weißweinessig · 100 ml heiße Gemüsebrühe (Instant) ·
½ TL Anissamen · ½ TL Zucker · weißer Pfeffer aus der Mühle ·
Muskatnuss, gerieben · Salz · 3 EL Sonnenblumenöl ·
Schnittlauchröllchen zum Garnieren

Die Roten Beten gründlich waschen und abbürsten. Stiele und Strunkenden abschneiden und die Knollen in einen Topf geben. Mit Wasser bedecken und zugedeckt etwa 40 Minuten bei mäßiger Hitze bissfest garen, dabei nicht zu weich werden lassen; auf ein Sieb geben, abschrecken und die Haut abziehen. Das Gemüse in möglichst dünne Scheiben oder Stifte schneiden; in eine Schüssel geben. Die Zwiebeln schälen und fein würfeln. Essig und Brühe verrühren, Zwiebeln, Anis, Zucker, Pfeffer, Muskat sowie Salz hinzugeben und das Ganze aufkochen. Die Marinade über das Gemüse geben, alles vorsichtig wenden und zugedeckt etwa 1 Stunde durchziehen lassen. Zuletzt das Öl unterheben. Den Salat abschmecken, eventuell etwas mit Pfeffer und Salz nachwürzen und mit Schnittlauch bestreut servieren.

Grüner Spargel

Je 1 rote und gelbe Paprikaschote · 1 Zwiebel · 2 Knoblauchzehen · 1 kg grüner Spargel · 2 EL Olivenöl · 400 g Tomaten in Stücken (aus der Dose) · 150 ml trockener Rotwein · Salz · 1 Prise Zucker · 1 EL Butter · Pfeffer aus der Mühle

Die Paprikaschoten halbieren, putzen, waschen und in feine Würfel schneiden. Zwiebel und Knoblauch schälen, die Zwiebel fein würfeln und den Knoblauch durch die Presse drücken. Den Spargel putzen und schälen. Das Olivenöl erhitzen, den Knoblauch und die Zwiebelwürfel darin andünsten, die Paprikawürfel dazugeben und kurz mitgaren. Die Tomatenstücke aus der Dose hinzufügen, den Rotwein dazugießen und etwa 10 Minuten einkochen lassen. Den Spargel in kochendem Salzwasser zusammen mit Zucker und Butter etwa 10 Minuten garen; abgießen und abtropfen lassen. Die Sauce mit Salz, Pfeffer und Zucker abschmecken und zum Spargel (eventuell mit frischen Kräutern garniert) servieren.

Gemüseplatte

1 Fenchelknolle · 200 g Blumenkohl · 2 Tomaten · 2 Möhren · 1 EL Schnittlauch und Petersilie, gehackt oder 1 EL Kräutermischung · 2 EL Butter

Die Fenchelknolle putzen, eventuell halbieren oder vierteln. Den Blumenkohl in Röschen teilen. Beide Gemüse sorgfältig waschen. Die Tomaten waschen, vom Stielansatz befreien und über Kreuz einritzen. Die Möhren schälen und in Scheiben schneiden. Die Gemüsesorten mit Ausnahme der Tomaten nebeneinander in einen Dämpfeinsatz eines entsprechenden Kochtopfs legen, den Topf 3 cm hoch mit Wasser füllen und es aufkochen lassen. Den Dämpfeinsatz hineinstellen, den Topf mit dem Deckel schließen und das Gemüse etwa 20 Minuten garen. Nach 10 Minuten das Gemüse mit etwas Salz bestreuen. In den letzten 5 Minuten der Garzeit die Tomaten dazugeben und mitdämpfen. Das Gemüse herausnehmen, auf einer vorgewärmten Platte anrichten und mit den Kräutern bestreuen. Die Tomaten eventuell enthäuten. Die Butter in einem kleinen Topf schmelzen lassen und über das Gemüse gießen.

Leipziger Allerlei

150 g frische Champignons, geputzt und in Scheiben geschnitten · 80 g Butter · Salz · Pfeffer aus der Mühle · 250 g junge Möhren · 250 g junge Bohnen · 1 kleiner Blumenkohl · 250 g weißer Spargel · 250 g junge Erbsen · 1 TL Zucker · ½ Liter Milch · ¼ Liter Rindfleischbrühe (Instant) · 250 g süße Sahne · 1 EL Petersilie, fein gehackt

Die Champignons in der Butter dünsten, salzen und pfeffern. Alle Gemüse waschen und in mundgerechte Stücke schneiden, den Blumenkohl in Röschen teilen. Das gesamte Gemüse in Salzwasser zusammen mit 1 TL Zucker 10 Minuten garen; gut abtropfen lassen, in Butter schwenken und mit den Champignons vermengen. Für die Sauce 2 EL Butter in einer Kasserolle schmelzen, 2 EL Mehl einrühren, anschwitzen und mit der Milch und der Brühe ablöschen; 10 Minuten köcheln lassen. Die süße Sahne dazugießen und mit Salz und Pfeffer abschmecken. Das Gemüse auf einer Platte anrichten, gehackte Petersilie darüber streuen und die Sauce dazu reichen.

Gebackene Maiskolben

200 g Doppelrahmfrischkäse · ½ TL Salz · ¼ TL scharfes Paprikapulver · ½ TL Knoblauchsalz (z. B. von Ostmann) · ½ TL schwarzer Pfeffer aus der Mühle · 4 Maiskolben

Den Frischkäse mit Salz, Paprika, Knoblauchsalz und gemahlenem Pfeffer pikant würzen. Die Maiskolben waschen, trockentupfen, mit der Käsecreme rundherum dick bestreichen und in Aluschalen auf einem Grillrost etwa 15 Minuten garen. Nach Wunsch mit buntem Salat servieren.

Mariniertes Gemüse

2 rote Paprikaschoten, in Stücke geschnitten · 1 mittlere Zucchini, in Scheiben geschnitten · 100 g frische Steinpilze, geputzt und klein geschnitten · 100 g Champignons in Scheiben · Für die Marinade: *2 Knoblauchzehen, in feinen Scheiben · 1 rote Peperoni, entkernt und fein gewürfelt · 3 EL Balsamessig · 3 EL Olivenöl · Salz · Pfeffer aus der Mühle · Zucker* · Außerdem: *1 Bund Basilikum, in Streifen geschnitten · 50 g schwarze Oliven, entsteint und halbiert*

Die Paprikastücke in einer Stielpfanne etwa 5 bis 10 Minuten bissfest dünsten, Zucchinischeiben und Pilze dazugeben und 5 Minuten garen, beiseite stellen und warm halten. Für die Marinade Knoblauch und Peperoni in den Balsamessig geben, das Olivenöl hinzufügen, umrühren, erwärmen und mit Salz, Pfeffer sowie

Zucker abschmecken. Das Gemüse mit den Pilzen wieder in die Pfanne geben, die Marinade darüber verteilen und mit Basilikum und Oliven bestreuen.

Gefüllte Champignons

125 g Grünkern · Salz · 8 sehr große Champignons · 2 Bund Liebstöckel · 50 g Salami in Scheiben · 75 g Gouda in Scheiben · 3 Eier · etwas Zitronenpfeffer · 1 EL Butter oder Margarine für die Form

Den Grünkern kurz in einem Sieb überbrausen, zusammen mit etwas Salz in kochendes Wasser geben und etwa 35 Minuten bei mittlerer Hitze zugedeckt garen. Inzwischen die Champignons unter fließendem Wasser waschen, falls nötig putzen, trockentupfen, die Stiele herausdrehen und in kleine Stücke schneiden. Den Liebstöckel waschen, trockentupfen einige Zweige für die Garnitur beiseite legen, die übrigen fein hacken. Die Salami und den Gouda in kleine Würfel oder feine Stifte schneiden und zusammen mit den zerkleinerten Pilzstielen und dem gehackten Liebstöckel in eine große Schüssel geben. Den Grünkern auf ein Sieb schütten, kalt abschrecken und gut abtropfen lassen. Mit den Zutaten in der Schüssel vermengen, die Eier unterrühren und die Masse mit etwas Zitronenpfeffer würzen. Den Backofen auf 200 °C vorheizen und eine flache hitzefeste Form mit Margarine oder Butter ausstreichen. Die Masse in die Champignonköpfe füllen und diese dicht nebeneinander in die Form setzen. Die Form auf der mittleren Einschubleiste in den Ofen schieben und die Champignons 25 bis 30 Minuten backen. Vor dem Servieren mit dem zurückbehaltenen Liebstöckel garnieren.

Tipp: Wenn Sie die Zutatenmengen um ein Drittel aufstocken, ergibt es eine leichte Hauptmahlzeit, zu der Sie am besten frischen Salat servieren.

Gefüllte Fleischtomaten

*4 große Fleischtomaten · 1 kleiner Zucchini · 50 g Schafskäse ·
1 kleine Scheibe Weißbrot · bunter Würzpfeffer, geschrotet (z. B. von Fuchs) ·
Butter für die Form · Würztopping (Fertigwürzmischung)*

Die Tomaten waschen, trockentupfen, oben jeweils einen Deckel abschneiden und die Früchte mit einem Löffel aushöhlen. Den Zucchini waschen, trockentupfen, die Enden knapp abschneiden und fein würfeln. Den Schafskäse ebenfalls fein würfeln. Vom Weißbrot die Rinde entfernen, die Brotscheibe in kleine Würfel schneiden und sie ohne Fettzugabe in einer beschichteten Pfanne anrösten. Mit den Zucchini- und Schafskäsewürfeln mischen, mit Pfeffer würzen und in die Tomaten füllen. Den Grill vorheizen. Die Tomaten in eine Alu-Grillschale setzen, die Deckel darauf setzen und alles 10 Minuten grillen. Vor dem Servieren mit Würztopping bestreuen.

Gefüllte Wirsingbällchen

*1,2 kg Wirsingkohl · 250 g Möhren · 1 Bund Lauchzwiebeln ·
1 Bund Kerbel · 1 Bund glatte Petersilie · Salz · Pfeffer aus der Mühle ·
500 g Kalbsbrät (vom Metzger) · 5 EL Butterschmalz ·
300 ml Gemüsebrühe (Instant) · 125 g Crème fraîche*

Den Wirsing putzen und unter fließendem Wasser waschen. 12 Blätter vorsichtig ablösen und diese im kochenden Wasser etwa 2 Minuten blanchieren; auf einem

Küchentuch abtropfen lassen. Den restlichen Kohl in Stücke schneiden und die Möhren schälen, eine Hälfte davon in feine Stifte schneiden, die andere in feine Würfel. Die Lauchzwiebeln in feine Ringe schneiden. Den Kerbel (einige Zweige zum Dekorieren beiseite legen) und die Petersilie fein hacken. Das Kalbsbrät mit den gewürfelten Möhren, Lauchzwiebeln, Kräutern, Salz und Pfeffer verkneten. Die Masse auf die 12 Wirsingblätter verteilen. Die Kohlblätter um die Füllung wickeln und in einem Geschirrtuch zu Bällchen formen. Das Butterschmalz in einem Topf erhitzen und die Wirsingbällchen darin rundherum anbraten. Die Wirsingstücke und Möhrenstifte dazugeben und mit der Gemüsebrühe ablöschen, zugedeckt etwa 12 bis 15 Minuten dünsten. Die Wirsingbällchen aus dem Sud nehmen, Crème fraîche unterrühren, aufkochen lassen und mit Salz und Pfeffer abschmecken. Die Wirsingbällchen mit dem Gemüse anrichten und mit Kerbel garnieren.

Gefüllte Zwiebeln

100 g Weizenkörner · 1–2 TL Gemüsehefebrühe (Instant) · 8 Gemüsezwiebeln à ca. 250 g · Meersalz · 4 EL Butter · 100 g Tiefkühlerbsen · 100 g Tomaten, gewürfelt · 1–2 TL Curry · Pfeffer aus der Mühle · 1 EL Essigessenz · brauner Zucker nach Geschmack · 2 EL Crème fraîche

Den Weizen über Nacht in kaltem Wasser einweichen. In das Einweichwasser die Gemüsehefebrühe einrühren und 1 Stunde quellen lassen. Die Zwiebeln schälen, waschen, jeweils einen Deckel abschneiden und mit einem Kartoffelausstecher oder einem scharfkantigen Teelöffel aushöhlen. Zwiebeldeckel und Zwiebelfleisch grob hacken. Die ausgehöhlten Zwiebeln 10 Minuten in etwas Wasser zusammen mit 1 Msp. Meersalz garen. Die gehackten Zwiebeln 5 Minuten in Butter dünsten und beiseite stellen. Die Weizenkörner abgießen, dabei die Brühe auffangen. Den Weizen mit der Hälfte der gehackten Zwiebeln, Erbsen und gewürfelten Tomaten mischen. Mit ½ TL Curry, 1 Msp. Meersalz, Pfeffer und ½ TL Essigessenz würzen. Die Zwiebeln damit füllen. Die restlichen gehackten Zwiebeln zusammen mit der Brühe, Curry, Essigessenz, Zucker und dem Rest der Füllung in eine hitzebeständige Form geben. Die gefüllten Zwiebeln hineinsetzen und im vorgeheizten Backofen bei 200 °C zugedeckt etwa 40 Minuten garen. 10 Minuten vor dem Ende der Garzeit die Abdeckung entfernen. Vor dem Servieren Crème fraîche in den Sud rühren.

Gefüllte Paprikaschoten

120 g Dinkelkörner · ½ Liter Fleischbrühe (Instant) · 120 g Erdnusskerne · 250 g Frühlingszwiebeln · 200 g frische Egerlinge · 4 EL Butter · 3 TL Steinpilzbrühe (aus dem Reformhaus) · 3 EL Crème fraîche · 2 TL frische Thymianblättchen · 2 EL Petersilie, fein gehackt · 4 mittelgroße grüne Paprikaschoten · 600 g vollreife Tomaten · 2 Knoblauchzehen, durchgepresst · 2 EL Olivenöl · 2 EL süße Sahne · 100 g mittelalter Gouda, gerieben

Den Dinkel in einem Sieb unter fließendem Wasser abspülen, in der Fleischbrühe 10 Minuten kochen und auf der ausgeschalteten Herdplatte 10 bis 20 Minuten ausquellen lassen. Die Erdnusskerne im Mixer mittelgrob hacken und in einer Pfanne ohne Fettzugabe hellbraun rösten. Die Frühlingszwiebeln waschen, putzen und in Streifen schneiden. Die Pilze waschen, putzen und grob hacken.

Die Butter in einem Topf erhitzen und die Frühlingszwiebeln mit den Pilzen darin 3 Minuten andünsten. Steinpilzbrühe, Dinkel, Erdnüsse, Crème fraîche sowie Kräuter untermischen und die Masse mit Pfeffer würzen. Die Paprikaschoten waschen, abtrocknen, längs halbieren und den Strunk, die Kerne sowie die Innenwände entfernen. Die Füllung in die Paprikahälften geben. Die Tomaten waschen, würfeln, in eine Pfanne mit hitzebeständigen Griffen geben und mit Knoblauch, Öl, Sahne und 1 TL Brühe verrühren. Die Paprikahälften hineinsetzen und zugedeckt 15 Minuten dünsten. Den Backofen auf 200 °C vorheizen. Den Käse über die Schoten streuen und das Gemüse auf der zweiten Einschubleiste von oben 10 Minuten überbacken. Das Gericht vor dem Servieren mit Thymianzweigen garnieren.

Variation: Paprikaschoten kann man auch mit gegartem Reis füllen. Reichen Sie dazu am besten frischen Salat. Außerdem passt dazu Hackbraten.

Fenchel mit Spinatfüllung

400 g frischer Blattspinat · 1 Zwiebel · 1 EL Öl · weißer Pfeffer aus der Mühle · Salz · Muskatnuss, gerieben · 200 g Weichkäse mit Blauschimmel · 2 EL Crème fraîche · 4 mittelgroße Fenchelknollen · 1 TL Butter oder Margarine · 200 ml Geflügelfond (aus dem Glas) · 2 EL Walnusskerne, gehackt

Den Spinat vorsichtig in reichlich Wasser waschen, herausnehmen und die groben Stiele entfernen. Die Zwiebel schälen und fein hacken. In einem großen Topf das Öl erhitzen. Die Zwiebelwürfel darin andünsten, die Spinatblätter dazugeben und bei geschlossenem Deckel zusammenfallen lassen; mit Pfeffer, Salz und Muskat würzen und etwa 3 Minuten zugedeckt bei mittlerer Hitze dünsten. Den Weichkäse entrinden und sehr fein würfeln. Zusammen mit der Crème fraîche unter den Spinat mischen und das Ganze zugedeckt beiseite stellen, damit der Käse langsam schmilzt. Den Backofen auf 200 °C vorheizen. Die Fenchelknollen waschen, putzen, die Stängel mitsamt dem Grün 3 cm oberhalb der Knollen abschneiden, zerkleinern und beiseite stellen. Die Fenchelknollen halbieren und den Strunk herausschneiden. Reichlich Wasser aufkochen und die Fenchelhälften darin 2 Minuten blanchieren; herausnehmen und gut abtropfen lassen. Eine hitzefeste Form mit Butter oder Margarine ausstreichen, die Fenchelhälften nebeneinander mit den Schnittflächen nach oben hineinsetzen und dazwischen die klein geschnittenen Fenchelstängel und das Grün streuen. Die Spinatmasse darüber verteilen und den Fond angießen. Das Ganze im Backofen 10 Minuten backen. Vor dem Servieren mit Walnusskernstückchen bestreuen.

Tipp: Das Gericht schmeckt auch mit einem milden Schafskäse sehr gut. Dazu passen Salzkartoffeln und eventuell gebackener oder gedünsteter Fisch.

Mangoldröllchen

*100 g Gerste · 500 ml Gemüsebrühe (Instant) ·
100 g feines Gerstenvollkornschrot (in Bioläden erhältlich) · Salz ·
1 Zwiebel · 200 g Austernpilze · 2 EL Olivenöl · 1 EL Thymianblättchen ·
schwarzer Pfeffer aus der Mühle · 2 Eier · 3 EL Butter · 12 große
Mangoldblätter · etwas Gemüsebrühe (Instant)*

Die Gerste in der Gemüsebrühe etwa 8 Stunden, am besten über Nacht, einweichen. In einen Topf geben, erhitzen und etwa 40 Minuten bei mittlerer Hitze garen. Das Gerstenschrot 15 Minuten vor Ende der Garzeit einrühren. Die Mischung unter ständigem Rühren weitere 15 Minuten kochen lassen; salzen, vom Herd nehmen und zugedeckt ausquellen lassen. Die Zwiebel schälen und fein würfeln. Die Pilze putzen, kurz waschen und klein schneiden. Die Zwiebelwürfel in 1 EL Olivenöl andünsten, die Pilze sowie den Thymian hinzufügen, kurz garen und unter die Gerstenmasse heben. Die Füllung mit Salz und Pfeffer würzen und Eier sowie Butter einarbeiten. Die Mangoldblätter in kochendem Salzwasser 2 Minuten blanchieren, abschrecken und abtropfen lassen. Die Blätter mit Salz und Pfeffer würzen und mit der Gerstenmasse füllen. Die Seiten der Blätter einschlagen und diese aufrollen. Die Röllchen in einer flachen Kasserolle im restlichen Olivenöl kurz anbraten, etwas Gemüsebrühe dazugießen und zugedeckt 10 bis 15 Minuten garen.

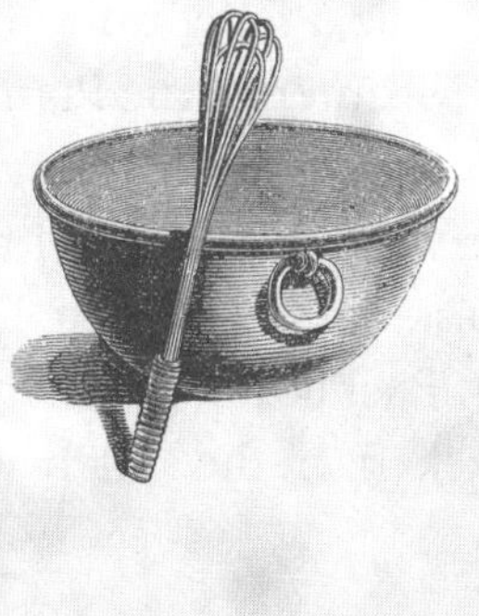

Aufläufe und Gratins

Bunter Gemüseauflauf

250 g zarte grüne Bohnen · Salz · 1 Zweig Bohnenkraut · 2 Zucchini · 2 rote Paprikaschoten · 250 g braune Champignons · 1 Frühlingszwiebel · 5 EL Olivenöl · weißer Pfeffer aus der Mühle · 2 Msp. Thymian · 1 Msp. Paprikapulver · 1 Knoblauchzehe · 2 Zweige Basilikum · 100 ml Milch · 100 g süße Sahne · 150 g Crème fraîche · 3 Eier · Muskatnuss, gerieben · 150 g Hartkäse, frisch gerieben

Das Gemüse waschen und trockentupfen. Die grünen Bohnen einmal schräg durchschneiden und in wenig Wasser mit Salz und Bohnenkraut gar kochen. Die Zucchini ungeschält in dünne Scheiben schneiden. Die Paprikaschoten halbieren, entkernen und in Streifen schneiden. Die Pilze in Scheiben und die Frühlingszwiebel in Ringe schneiden.

Die Hälfte des Olivenöls in einer großen Pfanne erhitzen und die Zucchini darin einige Minuten andünsten. Mit Salz, Pfeffer und Thymian würzen; herausnehmen und abdecken. Die Pilze einige Minuten in die Pfanne geben, noch etwas Öl hinzufügen und mit Salz und Pfeffer würzen; die Frühlingszwiebeln in der letzten Minute dazugeben. Pilze und Frühlingszwiebeln herausnehmen und zu den Paprikaschoten geben; mit Salz, Pfeffer und Paprikapulver würzen. Die Knoblauchzehe schälen und durch die Presse drücken. Das Basilikum waschen, trockentupfen, die Blättchen von den Stielen zupfen und hacken. In die Milch süße Sahne, Crème fraîche, Eier und Knoblauch einrühren; mit Salz, Pfeffer und Muskat würzen. Zum Schluss Käse und Basilikum unterziehen. Den Backofen auf 190 °C vorheizen. Eine feuerfeste Auflaufform mit Butter einfetten, das Gemüse dekorativ darin anrichten und mit der Eier-Käse-Milch übergießen; etwa 25 bis 30 Minuten in den Backofen stellen.

Gemüse-Nudel-Auflauf

200 g Sojanudeln (ersatzweise schmale italienische Bandnudeln) · 1 EL Sojaöl zum Kochen · 1 TL Salz zum Kochen · 400 g Auberginen · 200 g zarte Zucchini · 150 g feste Tomaten · weißer Pfeffer aus der Mühle · Salz · 4 EL Sojaöl · 1 EL Mehl · 2 EL Tomatenmark · 125 ml Brühe (Instant) · 125 ml Milch · edelsüßes Paprikapulver · 150 g Mozzarella · Pfeffer aus der Mühle

Die Nudeln in reichlich Salzwasser zusammen mit Öl etwa 10 Minuten garen, auf ein Sieb schütten, abschrecken und gut abtropfen lassen. Auberginen, Zucchini und Tomaten waschen, putzen und in dünne Scheiben schneiden. 2 EL Sojaöl in einer Pfanne erhitzen und zuerst die Auberginen und Zucchinischeiben darin goldbraun anbraten, dann die Tomaten dazugeben und kurz mitbraten. Das Gemüse mit Pfeffer und Salz würzen. In einem Topf weitere 2 EL Sojaöl erhitzen, das Mehl darin hell anschwitzen, das Tomatenmark untermischen und kurz mitdünsten; die Masse mit kalter Brühe ablöschen und alles klumpenfrei verrühren. Die Sauce unter Rühren aufkochen, die Milch einrühren und das Ganze unter Rühren 5 Minuten köcheln lassen. Mit Pfeffer, Salz und edelsüßem Paprika würzen. Mozzarella abtropfen lassen und in dünne Scheiben schneiden. Nudeln, Gemüse und Mozzarella schräg in eine hitzefeste Form einschichten, die Tomatensauce darüber verteilen und mit Pfeffer bestreuen. Im vorgeheizten Backofen bei 180 °C etwa 30 Minuten backen.

Tomaten-Lauch-Auflauf mit Käsesauce

200 g vorwiegend festkochende Kartoffeln · Salz · 750 g Lauch · 375 g Tomaten · 150 g Fleischwurst (Lyoner, Stadtwurst) · 125 ml kochend heiße Milch · 3 EL Butter Pfeffer aus der Mühle · Muskatnuss, gerieben · 200 g Gouda · 1 Bund glatte Petersilie · 1 frisches Ei · Butter für die Form

Die Kartoffeln waschen, schälen und in Würfel schneiden. Etwa 125 ml Wasser zusammen mit etwas Salz aufkochen, die Kartoffelwürfel dazugeben und im geschlossenen Topf etwa 20 Minuten garen. Inzwischen den Lauch putzen, waschen, in 1 cm breite Ringe schneiden und mit kaltem Wasser abbrausen, um die letzten Reste von Sand und Erde zu entfernen. Die Lauchringe gut abtropfen lassen und in kochendem Salzwasser 3 Minuten blanchieren. Auf ein Sieb schütten, mit kaltem Wasser abschrecken und gut abtropfen lassen. Die Tomaten waschen, trockentupfen, die Stielansätze trichterförmig herausschneiden und die Früchte in Scheiben schneiden. Die Wurst enthäuten und in sehr dünne Scheiben schneiden. Die Kartoffeln abgießen, Milch und Butter dazugeben und mit dem Rührbesen eines Handrührgeräts zu einem feinen, dickflüssigen Püree verarbeiten. Mit Pfeffer, Muskat und Salz würzen. Den Käse raspeln und etwa zwei Drittel der Menge unter das Kartoffelpüree mischen. Die Petersilie waschen, trockentupfen, die groben Stiele entfernen und die zarten Zweige mit den Blättchen fein hacken. Die Petersilie und das Ei unter die Kartoffelmasse rühren. Eine hitzefeste Form mit Butter einfetten und den Backofen auf 225 °C vorheizen. Lauchringe, Tomatenscheiben und Fleischwurst dachziegelartig in die Form einschichten. Darauf die Kartoffelmasse geben, glatt streichen und darüber den restlichen Käse verteilen. Den Auflauf im Backofen auf mittlerer Einschubleiste 25 bis 30 Minuten backen.

Variation: Statt Tomaten können Sie beispielsweise rote Paprikaschoten verwenden, aber auch zarter Kohlrabi passt gut zum herzhaften Lauch.

Fenchel-Tomaten-Gemüse

500 g Fenchelknollen · 1 EL Butter · ½ TL gekörnte Brühe (Instant) · 250 g Fleischtomaten · 150 g Crème fraîche · 125 g süße Sahne · 1 EL Mehl · 1 frisches Eigelb · weißer Pfeffer aus der Mühle · Salz · 2 TL Essigessenz · ½ TL Zucker · 1 Bund Schnittlauch

Die Fenchelknollen waschen, putzen, die Stiele mitsamt dem Grün fein hacken und die Knollen von oben nach unten in 4 mm dicke Scheiben schneiden. 150 ml Wasser in einen großen Topf geben, zum Kochen bringen und die Fenchelscheiben hinzufügen. 1 Msp. Butter sowie die gekörnte Brühe dazugeben und den Fenchel in 10 bis 15 Minuten bissfest dünsten; mit einem Schaumlöffel aus dem Sud nehmen und auf einem Sieb gut abtropfen lassen. Den Sud abkühlen lassen. Mit der restlichen Butter eine hitzefeste Auflaufform einfetten. Die Tomaten waschen, abtrocknen und den Stielansatz jeweils herausschneiden. Die Früchte in Scheiben schneiden und abwechselnd mit den Fenchelscheiben dachziegelartig in die Form schichten. Den Backofen auf 200 °C vorheizen. In den Fenchelsud Crème fraîche, süße Sahne, Mehl und Eigelb einrühren und mit Pfeffer, Salz, Essigessenz sowie Zucker würzen. Den Schnittlauch waschen, trockentupfen, in feine Röllchen schneiden und gut die Hälfte untermischen. Die Sauce mit einem Schneebesen glatt rühren und über dem Gemüse verteilen. Die Auflaufform mit einem Deckel oder mit Alufolie verschließen. Das Gemüse im Backofen auf der mittleren Einschubleiste etwa 15 Minuten garen. Vor dem Servieren den restlichen Schnittlauch darüber streuen.

Auberginen-Tomaten-Gemüse

1 große Aubergine · 4 große Tomaten · getrockneter Thymian · weißer Pfeffer aus der Mühle · Salz · 6 EL Olivenöl · 150 g Blauschimmelkäse ·

Den Backofen auf 220 °C vorheizen. Die Aubergine und die Tomaten waschen und abtrocknen. Von der Aubergine die Enden knapp abschneiden, von den Tomaten die Stielansätze herausschneiden. Die Aubergine in Scheiben schneiden und mit Thymian, Pfeffer und Salz bestreuen. Die Tomaten in schmale Spalten schneiden. Das Olivenöl in einer beschichteten Pfanne erhitzen und die Auberginenscheiben darin von beiden Seiten kurz anbraten. Die Tomatenspalten hinzufügen, ebenfalls kurz anbraten und mit Thymian, Pfeffer und Salz würzen. Das leicht gedünstete Gemüse mitsamt dem Öl in einer flachen Gratinform verteilen. Den Käse in Scheiben schneiden und darauf legen. Das Ganze auf der mittleren Einschubleiste des Backofens 8 bis 10 Minuten überbacken.

Feines Paprikagemüse

Je 2 große gelbe und rote Paprikaschoten · 1 Knoblauchzehe · Salz · schwarzer Pfeffer aus der Mühle · 2–3 EL Olivenöl

Den Backofen auf 220 °C vorheizen. Die Paprikaschoten halbieren, von weißen Trennwänden und Kernen befreien und die Hälften waschen und tropfnass auf ein Backblech setzen. Die Paprikaschoten im Backofen überbacken, bis sich die Haut braun zu verfärben beginnt; herausnehmen und jeweils die Haut abziehen. Das

Fruchtfleisch in kleine Stücke schneiden und in eine Schüssel geben. Die Knoblauchzehe schälen, durch die Presse drücken und dazugeben. Das Paprikagemüse mit Salz und Pfeffer abschmecken. Zum Schluss das Olivenöl darunter mengen und das Ganze lauwarm servieren.

Sauerkrautauflauf mit Käse

3 Schalotten · 150 g Frühstücksspeck (Bacon) ·
200 g Sauerkraut (aus der Dose) · 1 EL Kräuter, gehackt ·
3 EL trockener Weißwein · 250 g süße Sahne · Salz · Pfeffer aus der Mühle ·
Muskatnuss, gerieben · 100 g altbackenes Weißbrot · 3 Eier · 150 g Hartkäse
(z. B. Emmentaler) · Butter für die Form · 3 EL Butter in Flöckchen

Die Schalotten schälen und klein schneiden. Den Frühstücksspeck fein würfeln und kurz anbraten. Das Sauerkraut, die Kräuter, den Wein sowie 125 g süße Sahne dazugeben und alles gut umrühren; mit Salz, Pfeffer und Muskat würzen. Bei geringer Hitze 10 bis 15 Minuten köcheln lassen. Das Weißbrot in Würfel schneiden. Die Eier trennen und die Eigelbe mit der restlichen Sahne verquirlen; darin das Weißbrot einweichen. Den Käse würfeln, zum Weißbrot geben und alles unter das erkaltete Sauerkraut rühren. Die Eiweiße steif schlagen und vorsichtig unter das Sauerkraut ziehen. Eine feuerfeste Form mit Butter einfetten, die Masse einfüllen und die Butterflöckchen darauf verteilen. Den Auflauf im vorgeheizten Backofen bei 200 °C auf mittlerer Einschubleiste 30 Minuten überbacken.

Tipp: Dazu passen hervorragend Salzkartoffeln oder Kartoffelpüree.

Auflauf mit Möhren und Zucchini

½ Liter Béchamelsauce (Fertigprodukt) · 3 Eier ·
50 g süße Sahne · 75 g Gouda, gerieben · 1 Bund Basilikum ·
350 g Möhren · 300 g zarte Zucchini

In die Béchamelsauce Eier, süße Sahne und geriebenen Käse rühren. Das Basilikum waschen, trockentupfen und die Blättchen fein hacken. Das Gemüse waschen und putzen, die Möhren schälen und in sehr feine Stifte schneiden. Die Zucchini ungeschält ebenfalls in sehr feine Stifte schneiden. Das Basilikum und das Gemüse unter die Sauce mischen. Den Backofen auf 225 °C vorheizen. Eine flache Gratinform mit Butter ausstreichen und die Gemüsemasse einfüllen. Im Backofen 30 Minuten backen, die Hitze auf 180 °C reduzieren und den Auflauf in weiteren 10 bis 15 Minuten fertig backen.

Spargel-Nudel-Auflauf

300 g Spiralnudeln · 250 g Brokkoli · 125 g weißer Spargel ·
125 g grüner Spargel · 1 TL Butter · Muskatnuss, gerieben · Zitronensaft ·
Zucker · 150 g gekochter Schinken · Butter und Semmelbrösel für die Form ·
200 g Kräuterfrischkäse

Die Nudeln nach Packungsanweisung bissfest garen, abgießen, kurz abschrecken und abtropfen lassen. Den Brokkoli putzen, waschen und in sehr kleine Röschen teilen. Die Stiele würfeln und mit den Röschen in Salzwasser etwa 2 Minuten blanchieren, vorsichtig abgießen und beiseite stellen. Den weißen Spargel waschen, trockentupfen, schälen und die holzigen Enden entfernen. Den grünen Spargel waschen, trockentupfen und das untere Drittel schälen. Beide Spargelarten in mundgerechte Stücke schneiden. In einem Topf etwa fingerbreit Wasser, Butter, Salz, 1 Msp. Muskat, einigen Tropfen Zitronensaft und 1 Prise Zucker zum Kochen bringen. Die Spargelstücke darin etwa 10 Minuten garen, vorsichtig abgießen und den Sud auffangen. Den Schinken fein würfeln. Eine Auflaufform mit etwas Butter einfetten und mit Semmelbröseln ausstreuen. Die Nudeln mit den Schinkenwürfeln mischen und in der Auflaufform verteilen. Brokkoli und Spargelstücke darüber geben. Den Frischkäse mit 120 ml Spargelsud glatt rühren und darüber gießen. Den Spargel-Nudel-Auflauf im vorgeheizten Ofen bei 200 °C etwa 15 Minuten überbacken.

Gemüselasagne

600 g Champignons · 500 g Möhren · 100 g Zwiebeln · 2 Knoblauchzehen · 1 dünne Stange Lauch · Salz · 300 g Tiefkühlerbsen · 4 EL Butter · 50 g Mehl · 100 ml Milch · weißer Pfeffer aus der Mühle · Muskatnuss, gerieben · 1 Spritzer Zitronensaft · 1 Bund Basilikum · 250 g weiße oder grüne Lasagneblätter · 200 g Käsestifte (z. B. von Hochland)

Die Champignons und die Möhren waschen. Die Pilze putzen und in Scheiben schneiden. Die Möhren schälen und in Scheiben schneiden. Die Zwiebeln und die Knoblauchzehe schälen und fein würfeln. Den Lauch waschen, die Wurzelenden abschneiden, welke und harte Blätter entfernen oder entsprechend zurückschneiden. Die Lauchstangen in Scheiben schneiden, diese zu Ringen auseinanderdrücken, auf ein Sieb geben und nochmals gründlich waschen, um alle Erd- und Sandreste zu entfernen. 1,5 Liter Salzwasser aufkochen, Möhren, Lauch, Zwiebeln sowie Knoblauch hinzufügen und das Gemüse 5 Minuten blanchieren. Champignons und Erbsen dazugeben und das Ganze weitere 5 Minuten garen. Ein Haarsieb auf einen Topf setzen, das Gemüse darauf schütten, gut abtropfen lassen; die aufgefangene Brühe offen auf 1 Liter einkochen lassen. In einer Kasserolle die Butter erhitzen, das Mehl darüber stäuben und unter Rühren hell anschwitzen lassen. Die Mehlschwitze vom Herd nehmen, mit kalter Milch ablöschen, mit einem Schneebesen glatt rühren und wieder erhitzen. Unter Rühren aufkochen, die Brühe nach und nach dazugießen und alles bei schwacher Hitze 5 Minuten köcheln lassen. Die Sauce mit Pfeffer, Muskat, Zitronensaft und Salz würzen. Das Basilikum waschen, trockentupfen, die Blättchen von den Stielen zupfen und fein hacken; unter das Gemüse mischen. Eine Lasagneform oder eine andere hitzfeste Auflaufform mit Butter ausstreichen und den Backofen auf 200 °C vorheizen. Zunächst eine dünne Schicht Sauce in die Form geben, darauf eine Schicht Lasagneblätter legen, dann Gemüse darauf verteilen. In dieser Reihenfolge die Schichten wiederholen, bis alle Zutaten aufgebraucht sind. Die letzte Schicht sollte aus Sauce bestehen. Die Käsestifte darüber verteilen und die Lasagne auf der mittleren Einschubleiste des Backofens etwa 30 Minuten backen. Vor dem Servieren kurz im ausgeschalteten Ofen ruhen lassen.

Spargel-Lachs-Lasagne

300 g Tiefkühllachs · Salz · Pfeffer aus der Mühle · 800 g grüner Spargel · 3 EL Butter · Zucker · 2 EL Mehl · 300 ml Milch · 50 ml Weißwein · Muskatnuss, gerieben · 1 EL Estragon, gerebelt · Öl für die Form · ca. 10 Lasagneplatten · 150 g Gouda, gerieben

Den Lachs auftauen lassen. Anschließend waschen, trockentupfen, würfeln und mit Salz sowie Pfeffer würzen. Den Spargel waschen, trockentupfen und das untere Drittel schälen. Das Gemüse in reichlich Salzwasser mit 1 TL Butter und 1 Prise Zucker etwa 3 Minuten blanchieren; abgießen und den Spargelsud auffangen. Für die Béchamelsauce die restliche Butter bei milder Hitze in einem Topf zerlassen, das Mehl dazugeben und unter Rühren anschwitzen. Mit 400 ml Spargelsud, der Milch und dem Wein ablöschen und unter Rühren kurz aufkochen. Die Sauce mit 1 Msp. Muskat, Estragon, Salz und Pfeffer abschmecken. Eine Auflaufform einfetten und abwechselnd Béchamelsauce, Spargel, Lachs und Lasagneplatten einschichten. Die letzte Schicht sollte aus Lasagneplatten und Béchamelsauce bestehen. Den Käse über die Lasagne verteilen und das Gericht im vorgeheizten Ofen bei 175 °C etwa 45 Minuten backen.

Tipp: Sie können die Lasagne auch mit frischem Lachsfilet zubereiten. Den Gouda können Sie durch Emmentaler oder Gratinkäse ersetzen.

Spinatlasagne

Für die Füllung: *½ l Béchamelsauce (Fertigprodukt) · 400 g Camembert · ¼ l trockener Weißwein · weißer Pfeffer aus der Mühle · 1 Spritzer Tabasco · 1 Spritzer Worcestershiresauce · Salz · 200 g Champignons · 100 g Schalotten · 4 EL Butter · 600 g frischer Blattspinat ·* Außerdem: *1 EL Olivenöl für die Form · 250 g weiße oder grüne Lasagneblätter · 80 g Hartkäse, gerieben*

Die Béchamelsauce in eine Kasserolle geben und erhitzen. Den Camembert entrinden, in kleine Würfel schneiden und zusammen mit dem Weißwein zur Sauce geben. Den Käse unter ständigen Rühren schmelzen lassen, die Sauce sollte dabei ganz leise köcheln. Mit Pfeffer, Tabasco, Worcestershiresauce und Salz abschmecken. Die Champignons waschen, abtropfen lassen, falls nötig putzen und in Scheiben schneiden. Die Schalotten schälen und fein würfeln. In einer beschichteten Pfanne die Butter erhitzen und die Pilze sowie die Schalotten darin unter gelegentlichem Umrühren 5 Minuten andünsten. Den Spinat waschen, die harten Stiele von den Blättern schneiden, die Blätter portionsweise auf ein Sieb geben und mit kochend heißem Wasser überbrühen, gut abtropfen lassen. Den Spinat zu den Champignons und den Schalotten in die Pfanne geben und das Gemüse gut vermengen, mit Pfeffer und Salz würzen. Eine Lasagneform mit Olivenöl ausstreichen und den Backofen auf 150 °C vorheizen. Zunächst eine Schicht Béchamelsauce in die Form geben, darauf eine Lage Nudelblätter schichten, dann eine Schicht Spinatmischung darauf geben und wieder Nudelblätter darauf legen. In dieser Reihenfolge die Schichten wiederholen, bis alle Zutaten aufgebraucht sind. Die letzte Schicht sollte aus Sauce bestehen. Den Hartkäse darüber streuen und die Lasagne im Backofen auf der mittleren Einschubleiste etwa 40 Minuten backen.

Variation: Die Füllung eignet sich auch hervorragend, um Cannelloni zu füllen. Geben Sie die gefüllten Nudelrollen in eine gefettete Form und gießen

Sie die Béchamelsauce darüber. Den Käse darauf verteilen und das Ganze bei 180 °C etwa 30 Minuten backen. Lasagne ist ein gut sättigendes Gericht; dennoch passt als Vorspeise immer auch eine leichte Suppe oder ein kleiner Salat.

Chinakohllasagne

3 EL Butter · 3 EL Mehl · ⅓ l lauwarme Milch · Muskatnuss, gerieben · Salz · weißer Pfeffer aus der Mühle · 800 g Chinakohl · 2 Möhren · Butter für die Form · 250 g gekochter Schinken ohne Fettrand · 250 g Emmentaler, gerieben

In einer Pfanne die Butter zerlassen, darin das Mehl unter Rühren kurz andünsten, ohne es braun werden zu lassen. Die Milch nach und nach einrühren, kurz aufkochen lassen und mit Muskat, Salz und Pfeffer abschmecken. Das Ganze bei geringer Hitze unter gelegentlichem Rühren köcheln lassen. Den Chinakohl der Länge nach halbieren und in kochendem Salzwasser etwa 5 Minuten blanchieren. Die Blätter einzeln ablösen und trockentupfen. Die Möhren waschen, putzen und in feine Streifen schneiden. Eine Auflaufform mit Butter einfetten und mit den Kohlblättern auslegen. Darauf eine Lage Schinken und Möhrenstreifen legen. Mit etwas Sauce überziehen und geriebenen Käse darüber streuen. In derselben Reihenfolge die Form mit etwa drei bis vier weiteren Lagen füllen. Die oberste Schicht mit reichlich Käse abschließen. Den Backofen auf 200 °C vorheizen und den Auflauf auf mittlerer Einschubleiste 15 bis 20 Minuten überbacken.

Tipp: Statt gekochtem Schinken können Sie auch gebratene Fleischreste (z. B. vom Hähnchen) oder Fleischwurst verwenden.

Brokkoli-Blumenkohl-Auflauf

Für das Gemüse: *600 g Brokkoli · 600 g Blumenkohl · Salz ·*
Für die Sauce: *4 EL Butter · 5 EL Mehl · 200 g süße Sahne ·*
1 TL gekörnte Gemüsebrühe (Instant) · 1 EL Zuckerrübensirup (z. B. Grafschafter Goldsaft) · weißer Pfeffer aus der Mühle · Muskatnuss, gerieben ·
Außerdem: *Butter für die Form · 2 EL Mandelstifte · 200 g mittelalter Gouda*

Von den Brokkolistauden die Strünke knapp abschneiden, von den dicken Strünken die faserige Haut mit einem spitzen Messer abziehen und den Brokkoli in mundgerechte Stücke teilen. Vom Blumenkohl die Hüllblätter entfernen, den Strunk abschneiden und das Gemüse in mundgerechte Stücke teilen. Reichlich Wasser in einem großen Topf zum Kochen bringen, etwas Salz dazugeben und das Gemüse darin bei halbgeöffnetem Deckel etwa 8 Minuten garen; mit einer Schaumkelle herausnehmen, auf ein Sieb geben und gut abtropfen lassen. Vom Gemüsesud 250 ml abnehmen und abkühlen lassen. Den Backofen auf 200 °C vorheizen und eine Auflaufform mit Butter ausstreichen. In einer Kasserolle die Butter erhitzen, das Mehl mit einem Schneebesen einrühren und unter weiterem Rühren hell anschwitzen lassen.

Den Topf vom Herd nehmen und die Mehlschwitze mit der süßen Sahne ablöschen. Gut umrühren, bis die Masse homogen ist, den Topf wieder auf den Herd setzen und das Ganze unter Rühren erhitzen. Nach und nach den beiseite gestellten Gemüsesud einrühren. Die Sauce bei schwacher Hitze 10 Minuten leise köcheln lassen und mit Instantbrühe, Zuckerrübensirup, Pfeffer, Muskat und Salz abschmecken. Das Gemüse in die Form einschichten und die Sauce darüber gießen. Die Mandelstifte darauf streuen. Den Käse in dünne Streifen schneiden und gitterartig auf das Gemüse legen. Das Ganze auf der mittleren Einschubleiste etwa 15 Minuten überbacken.

Variation: Zu Brokkoli passt auch Kohlrabi sehr gut. Sie können den Auflauf auch mit nur einer Gemüsesorte zubereiten, so zum Beispiel nur mit Blumenkohl, Brokkoli, Rosenkohl, Wirsingspalten oder Kohlrabi. Wenn das Gericht etwas üppiger sein soll, geben Sie kleine Hackfleischbällchen in die Sauce und garen Sie das Ganze zugedeckt 20 Minuten im Backofen. Dann ohne Deckel noch einige Minuten gratinieren, damit die Oberfläche eine leichte Kruste erhält.

Rosenkohlgratin

750 g Rosenkohl · Salz · Muskatnuss, gerieben · Butter für die Form · 150 g durchwachsener Speck · 125 g Emmentaler, gerieben · 150 g Crème fraîche · 4 EL Weißwein · 1 Ei · weißer Pfeffer aus der Mühle · 2 EL Semmelbrösel · 2 EL Mandeln, gemahlen · 2 EL Butter

Den Rosenkohl putzen und in kochendem Salzwasser 10 Minuten garen; herausnehmen, abtropfen lassen und mit Muskat würzen. Eine feuerfeste Form mit Butter einfetten. Den Speck in Würfel schneiden, mit dem Rosenkohl mischen und in die Form füllen. Den geriebenen Käse mit Crème fraîche, Wein und Ei verrühren und mit Muskat, Salz und Pfeffer abschmecken; alles über dem Rosenkohl verteilen. Die Semmelbrösel mit den Mandeln mischen und über den Rosenkohl geben. Darauf einige Butterflöckchen gleichmäßig verteilen. Den Auflauf im vorgeheizten Backofen bei 200 °C auf mittlerer Einschubleiste 25 bis 30 Minuten überbacken.

Tipp: Rosenkohlröschen sind meist recht unterschiedlich groß. Schneiden Sie die größeren Exemplare vor dem Garen in der Mitte durch, dann werden alle Röschen gleichmäßig gar.

Gebackener Blumenkohl

1 kg Blumenkohl, geputzt · Salz · 2–3 Eier · weißer Pfeffer aus der Mühle · Muskatnuss, gerieben · 120 g Semmelbrösel · 60–70 g Butterschmalz

Den Blumenkohl gründlich waschen. In einem großen Topf reichlich Salzwasser aufkochen und zugedeckt den Blumenkohl darin mit dem Strunk nach unten etwa 15 Minuten bei mittlerer Hitze garen. Inzwischen die Eier mit einer Gabel gut verquirlen und mit Pfeffer, Muskat sowie Salz würzen. Die Semmelbrösel in eine Schüssel geben. Den Blumenkohl aus dem Sud nehmen; gut abtropfen lassen und in Röschen teilen. Jedes Röschen mit Hilfe einer Gabel durch die Eiermischung ziehen und in den Semmelbröseln wälzen. In einer Pfanne das Butterschmalz erhitzen und die Blumenkohlstücke darin goldbraun backen; auf Küchenpapier abtropfen lassen und sofort servieren.

Brokkoli-Flan mit Käse

500 g Brokkoli · Salz · 300 g Landrahm (z.B. von Rotkäppchen) · 5 Eier · 200 g Emmentaler, gerieben · weißer Pfeffer aus der Mühle · Muskatnuss, gerieben · 2 EL kalte Butter · 2 EL Semmelbrösel

Den Brokkoli kurz waschen, abtropfen lassen, den dicken Strunk unten knapp abschneiden und das Gemüse in mundgerechte Stücke teilen. Welke Stellen wegschneiden und von den dicken Strünken die faserige Haut mit einem spitzen Messer gleichmäßig abziehen. Den Backofen auf 200 °C vorheizen. Reichlich Salzwasser zum Kochen bringen und den Brokkoli darin etwa 7 Minuten zugedeckt bei mittlerer Hitze garen. Mit einer Schaumkelle herausnehmen und gut abtropfen lassen. Den Landrahm in eine Schüssel geben und mit einem Schneebesen nacheinander die Eier darunter schlagen; den geriebenen Käse darunter rühren. Die Masse mit Pfeffer, Muskat und Salz würzen. Eine Gratinform mit 1 TL Butter ausstreichen und mit Semmelbröseln ausstreuen. Die Brokkolistücke in der Form verteilen und die Eiermasse darüber gießen. Die restliche Butter in Flöckchen darauf verteilen und das Ganze im Backofen auf der mittleren Einschubleiste etwa 20 Minuten backen, bis die Eiermasse gestockt ist.

Variation: Sie können den Flan auch portionsgerecht in vier Gratinförmchen zubereiten. Die Backzeit verringert sich auf 12 bis 15 Minuten, je nach Einfüllhöhe der Eiermasse. Die Masse braucht in einer kleinen, hohen Form länger zum Stocken als in einer großen, flachen Form. Statt Brokkoli können Sie auch anderes Gemüse verwenden.

Überbackenes Gemüse mit Mozzarella

*250 g Kohlrabi mit Grün · 250 g junge Möhren · Salz ·
200 g gekochter Schinken am Stück · 12 EL Butter · 300 g Tiefkühlerbsen ·
½ Bund glatte Petersilie · weißer Pfeffer aus der Mühle ·
Butter für die Form · 250 g Mozzarella*

Die Kohlrabiknollen und die Möhren waschen. Von den Kohlrabi die Stiele mitsamt den Blättern abschneiden, die innersten fein hacken und zum Würzen verwenden. Die Knollen schälen, holzige Stellen großzügig wegschneiden und das Gemüse in kleinfingerdicke Stifte schneiden. Die Möhren putzen, abbürsten oder schälen und ganz lassen. Reichlich Salzwasser aufkochen und die Kohlrabistifte sowie die ganzen Möhren darin 10 Minuten zugedeckt bei milder Hitze garen; mit einer Schaumkelle herausnehmen und abtropfen lassen. Den Schinken in kleine Würfel schneiden. In einem großen Topf die Butter erhitzen, die Erbsen hinzugeben und unter gelegentlichem Umrühren 5 Minuten dünsten. Die Kohlrabistifte, das zerkleinerte Kohlrabigrün und die Möhren hinzugeben und alles bei mäßiger Hitze zugedeckt 10 Minuten dünsten; mit Pfeffer und Salz würzen. Den Backofen auf 200 °C vorheizen. Die Petersilie waschen, trockentupfen, die Blättchen von den Stielen zupfen und fein hacken. Zusammen mit den Schinkenwürfeln unter das Gemüse mischen. Eine hitzefeste Form mit Butter ausstreichen und die Gemüse-Schinken-Mischung darin verteilen. Den Mozzarella abtropfen lassen und in Scheiben schneiden. Diese auf das Gemüse legen und das Ganze auf der mittleren Einschubleiste 10 Minuten überbacken.

Variation: Sie können auch anderes Gemüse in dieser Art zubereiten, so beispielsweise Zucchini, Staudensellerie, junge grüne Bohnen, Fleischtomaten oder Paprikaschoten. Auch beim Würzen mit Kräutern sind Ihrer Fantasie kaum Grenzen gesetzt: Statt Petersilie können Sie Dill, Kerbel, Thymian,

Oregano, Basilikum und andere frische Kräuter verwenden. Einen Hauch von Mittelmeerküche bekommt das Gericht, wenn Sie Tomaten, Zucchini, Auberginen und Paprikaschoten kombinieren, das Gemüse in Olivenöl andünsten und es mit Knoblauch, Thymian, Oregano, Basilikum und schwarzem Pfeffer aus der Mühle würzen.

Tomaten-Mozzarella-Gratin

3 Scheiben Toastbrot · 60 g Butter · ½ Bund Basilikum · ½ Bund glatte Petersilie · einige Zweige Thymian · 1 TL abgeriebene Schale von 1 unbehandelten Zitrone · 3 Fleischtomaten · 250 g Mozzarella · Pfeffer aus der Mühle · Salz

Den Backofen auf 180 °C vorheizen. Auf die Toastbrotscheiben etwa 3 EL Butter streichen und diese auf einem Kuchengitter im Backofen auf mittlerer Einschubleiste etwa 10 Minuten goldbraun backen. Die Brote abkühlen lassen, fein zerbröseln und die Brösel in eine Schüssel geben. Die Kräuter waschen, trockentupfen, die Blättchen von den Stielen zupfen und fein hacken. Zusammen mit der Zitronenschale zu den Bröseln geben und alles miteinander vermengen. Die Tomaten waschen, trockentupfen, die Stielansätze trichterförmig herausschneiden und in dünne Scheiben schneiden. Den Mozzarella abtropfen lassen und in dünne Scheiben schneiden.

Die Tomaten- und Mozzarellascheiben schuppenartig in eine hitzefeste Form schichten und mit Pfeffer sowie Salz würzen. Die Backofentemperatur auf 200 °C erhöhen. Die Brösel-Kräuter-Mischung in der Form verteilen, die restliche Butter in Flöckchen darüber geben und das Ganze im Backofen auf mittlerer Einschubleiste etwa 10 Minuten überbacken.

Bohnen-Tomaten-Gratin

500 g junge grüne Bohnen · Salz · 100 g durchwachsener magerer Speck · 100 g Zwiebeln · 2 Knoblauchzehen · 300 g kleine Tomaten · 2 EL Sonnenblumenöl · 1 TL Essigessenz · Pfeffer aus der Mühle · Salz · 2 Zweige Majoran · 2 Zweige Bohnenkraut · 50 g Bergkäse, geraspelt

Die Bohnen waschen, putzen und in sprudelndem Salzwasser etwa 15 Minuten kochen. Die Bohnen auf ein Sieb schütten, abschrecken und gut abtropfen lassen. Den Speck fein würfeln. Die Zwiebeln und den Knoblauch schälen und ebenfalls fein würfeln. Die Tomaten über Kreuz einritzen, einige Sekunden in kochendes Wasser halten, die Haut mit einem spitzen Messer abziehen. Die Früchte vierteln und die Stielansätze herausschneiden. Das Öl in einer beschichteten Pfanne erhitzen. Die Speck-, Zwiebel- und Knoblauchwürfel darin unter Rühren anbraten, mit Essigessenz, Pfeffer und Salz würzen und alles in eine Gratinform füllen. Den Backofen auf 220 °C vorheizen. Die Bohnen in der Form verteilen und die Tomatenviertel dazwischen legen. Den Majoran und das Bohnenkraut waschen, trockentupfen, die Blättchen von den Stielen zupfen und über das Gemüse geben. Den Bergkäse darüber streuen und das Ganze im Backofen auf mittlerer Einschubleiste etwa 20 Minuten gratinieren.

Tipp: Dazu passt Kartoffelpüree. Wer auch Fleisch servieren möchte, nimmt am besten gebratene oder gegrillte Lammkoteletts. Sie harmonieren sehr gut mit Bohnen, Tomaten, Kartoffeln und Knoblauch. Anstatt Lamm kann man auch sehr gut Schweinekoteletts oder Spareribs nehmen.

Variation: Statt frischer Bohnen können Sie auch Tiefkühlbohnen verwenden. Probieren Sie den Gratin auch mal mit gemischtem Tiefkühlgemüse aus Blumenkohl, Brokkoli, Mais, Möhren, Spargel etc.

Paprikagratin

Je 2 gelbe und rote Paprikaschoten · 4 mittelgroße Zucchini (750 g) · 12 Knoblauchzehen · 1 Bund Basilikum · 200 g Mozzarella · weißer Pfeffer aus der Mühle · Salz · 50 g schwarze Oliven · 6 EL Sojaöl

Die Paprikaschoten waschen, abtrocknen, halbieren und den Strunk, die Kerne sowie die weichen Innenwände entfernen. Die Paprika mit der Schnittseite nach unten auf ein Blech legen und im Backofen bei 225 °C so lange braten, bis die Haut aufplatzt; herausnehmen, noch heiß die Haut abziehen und das Fruchtfleisch in Streifen schneiden. Den Backofen auf 200 °C zurückschalten. Die Zucchini waschen, putzen und in Scheiben schneiden. Den Knoblauch schälen und fein hacken. Das Basilikum waschen, trockentupfen und die Blättchen fein hacken. Mozzarella in Scheiben schneiden. Eine hitzebeständige Form mit 1 EL Sojaöl ausstreichen, Paprikastreifen, Zucchini und Mozzarellascheiben schräg darin einschichten und die Oliven dazwischen verteilen. Pfeffer und Salz darüber streuen. Das restliche Sojaöl mit Knoblauch und Basilikum verrühren und über dem Gemüse verteilen. Den Gratin im Backofen 25 bis 30 Minuten backen.

Gemüsegratin

250 g Langkornreis · 450 ml Gemüsebrühe (Instant) · 50 ml Weißwein · 1 Möhre · 400 g Artischocken (aus der Dose) · 1 Radicchio · 1 Zucchini · 2 Stangen Lauch · 8 Austernpilze (ersatzweise Champignons) · 2 EL Butter ·
Für den Guss: *100 g Hartkäse, gerieben · 3 Eier · 150 g Crème fraîche · 100 ml Milch · Salz · Pfeffer aus der Mühle*

Den Reis nach Packungsanweisung mit Gemüsebrühe und Weißwein zubereiten. Die Möhre schälen, waschen und schräg in Scheiben schneiden. Die Artischocken abtropfen lassen und halbieren. Den Radicchio in Blätter teilen, waschen und in breite Streifen schneiden. Die Zucchini waschen und putzen, Den Lauch und die Austernpilze putzen, Zucchini und Lauch in Stücke schneiden, Pilze eventuell halbieren oder vierteln. 2 EL Butter erhitzen, das Gemüse darin dünsten und etwa 5 Minuten garen. Den Backofen auf 180 °C vorheizen. Den Reis mit dem Gemüse in eine gefettete Gratinform schichten. Für den Guss 60 g Käse, Eier, Crème fraîche und Milch verrühren, mit den Gewürzen abschmecken und auf dem Gratin verteilen. Mit dem restlichen Käse bestreuen und im Backofen etwa 30 bis 40 Minuten gratinieren.

Gemüsegratin mit Schweinefilet

400 g Schweinefilet · 2 EL Butterschmalz · weißer Pfeffer aus der Mühle · Salz · 250 g Möhren · 250 g Champignons · 500 g fest kochende Kartoffeln · 100 g Butterkäse · Butter für die Form · 200 g süße Sahne · 2 Eier · Muskatnuss, gerieben · ½ Bund glatte Petersilie

Das Schweinefilet waschen, gründlich trockentupfen; eventuell vorhandene Häute mit einem scharfen Messer entfernen. In einer beschichteten Pfanne das Butterschmalz erhitzen und das Fleisch darin von allen Seiten scharf anbraten. Die Hitze reduzieren, das Schweinefilet 5 Minuten unter gelegentlichem Wenden fertig braten, herausnehmen, rundherum mit Pfeffer und Salz würzen, in Alufolie einschlagen und ruhen lassen.

Die Möhren waschen, putzen, schälen und in dünne Scheiben schneiden. Die Champignons kalt überbrausen, falls nötig putzen und in Scheiben schneiden. Die Kartoffeln waschen, schälen und in Scheiben schneiden. Den Käse grob reiben. Das Fleisch in Scheiben schneiden. Eine hitzfeste Auflaufform mit Butter ausstreichen und den Backofen auf 200 °C vorheizen. Kartoffeln, Möhren, Pilze und das Fleisch abwechselnd in die Form schichten.

Die süße Sahne in ein hohes Rührgefäß geben, die Eier dazuschlagen und alles mit den Quirlhaken eines Handrührgeräts kräftig verquirlen. Mit Pfeffer, Muskat und Salz würzen und 6 EL geriebenen Käse untermischen. Die Masse über das Gemüse und das Fleisch verteilen und zugedeckt auf der mittleren Einschubleiste etwa 40 Minuten backen; herausnehmen, den restlichen Käse darüber streuen und das Gratin offen nochmals 20 Minuten backen. Die Petersilie waschen, trockentupfen, die groben Stängel entfernen und die zarten Zweige mitsamt den Blättchen fein hacken. Vor dem Servieren auf den Gratin streuen.

Gratinierter Wirsing mit Speck

1 kg Wirsingkohl · Salz · 1 Msp. Haushaltsnatron · 5 EL Margarine · 1 EL Mehl · 100 g süße Sahne · 100 ml Fleischbrühe (Instant) · weißer Pfeffer aus der Mühle · Muskatnuss, gerieben · 100 g magerer durchwachsener Räucherspeck · 2 EL Kräuter der Provençe (Tiefkühlware) · 200 g Gouda, gerieben

Vom Wirsing die äußeren Blätter und unansehnliche Stellen entfernen. Den Kohlkopf vierteln und von jedem Stück den Strunk schräg herausschneiden, sodass die Blätter noch zusammenhängen. Die Wirsingviertel quer in feine Streifen schneiden; kurz waschen. In einem Topf reichlich Salzwasser mit Natron aufkochen und die Wirsingstreifen darin 2 Minuten blanchieren. Zwei Drittel der Streifen mit einer Schaumkelle herausnehmen und beiseite stellen, die restlichen Wirsingstreifen noch weitere 10 Minuten garen. In einem Topf 3 EL Margarine erhitzen, das Mehl darüber stäuben und unter Rühren hell anschwitzen lassen. Den Topf vom Herd nehmen und die süße Sahne mit einem Schneebesen zügig einrühren, bis eine gleichmäßige Masse entsteht. Den Topf wieder auf den Herd setzen, weiterrühren und dabei die Brühe zufügen. Das Ganze unter Rühren aufkochen. Die weich gekochten Wirsingstreifen aus dem Sud nehmen, tropfnass in die Sauce geben und das Ganze mit einem Passierstab fein pürieren. Nach Bedarf noch etwas Wirsingsud hinzugeben. Die Sauce 5 Minuten bei schwacher Hitze zugedeckt köcheln lassen und mit Pfeffer, Muskat sowie Salz würzen; beiseite stellen. Den Backofen auf 250 °C vorheizen. In einem zweiten Topf die restliche Margarine erhitzen. Den Speck fein würfeln und darin anbraten. Die blanchierten Wirsingstreifen und die Kräuter dazugeben und das Ganze unter gelegentlichem Umrühren rundherum andünsten. Die Wirsingsauce dazugeben und das Gemüse bei milder Hitze zugedeckt 10 Minuten garen. Den Topfinhalt in eine passende hitzfeste Form füllen. Den geriebenen Käse darüber streuen und das Ganze im Backofen 10 bis 15 Minuten überbacken.

Überbackene Sommerpilze

500 g gemischte Pilze (Pfifferlinge, Champignons, Steinpilze, Egerlinge, Maronen, Butterpilze) · 1 Bund glatte Petersilie · 1 Bund Schnittlauch · 1 Bund Thymian · ½ Stange Lauch · 150 g Raclettekäse · 1 EL Butter · 4 Eier · 5 EL Milch · 1 Knoblauchzehe · weißer Pfeffer aus der Mühle · Salz

Die Pilze kalt überbrausen, abreiben, falls nötig putzen und in Scheiben schneiden. Die Kräuter waschen, trockentupfen, von der Petersilie und dem Thymian die Blättchen von den Stielen zupfen und fein hacken, den Schnittlauch in Röllchen schneiden. Den Lauch waschen, die Wurzelenden und das obere Drittel der Blätter abschneiden. Die Lauchstange der Länge nach halbieren und eine Hälfte in feine Streifen schneiden. Diese auf ein Sieb geben und nochmals gründlich waschen, bis alle Erd- und Sandreste herausgespült sind; gut abtropfen lassen. Den Käse fein würfeln. Den Backofen auf 150 °C vorheizen.

In einer großen, beschichteten Pfanne mit hitzefestem Griff die Butter erhitzen, Lauchstreifen, Pilze, Kräuter und Käsewürfel darin verteilen. Die Eier in eine Schüssel schlagen und mit der Milch verquirlen. Die Knoblauchzehe schälen und durch eine Presse dazudrücken, das Ganze verrühren und mit Pfeffer und Salz würzen. Die Eiermasse über das Gemüse und die Pilze verteilen und im Backofen auf der mittleren Einschubleiste in etwa 15 Minuten goldgelb backen.

Variation: Statt Lauch können Sie auch Frühlingszwiebeln verwenden. Verfeinern Sie das Pilzgericht vor dem Überbacken mit einem Schuss süßer Sahne oder mit etwas Crème fraîche.

Überbackener Romanesco mit Salami

Für das Gemüse: *1–2 Köpfe Romanesco (italienische Blumenkohlsorte; insgesamt 1,2 kg) · Salz* · Für die Sauce: *5 EL Butter · 100 g Frühlingszwiebeln · 60 g Mehl · 100 g süße Sahne · weißer Pfeffer aus der Mühle · Muskatnuss, gerieben · 1 TL Gemüsebrühe (Instant) ·* Außerdem: *Butter für die Form · 125 g Salami oder Cervelatwurst am Stück · 125 g Emmentaler, gerieben*

Den Romanesco kurz abbrausen, die Hüllblätter entfernen, den Strunk abschneiden und das Gemüse in große Röschen teilen. Reichlich Wasser in einem großen Topf aufkochen, Salz dazugeben und die Romanescostücke darin etwa 10 Minuten garen; mit einer Schaumkelle aus dem Sud nehmen und auf eine Platte setzen. Vom Sud gut ½ Liter abnehmen und abkühlen lassen.

Für die Sauce in einer Kasserolle die Butter erhitzen. Die Frühlingszwiebeln waschen und putzen. Die Wurzelenden und das obere Drittel der Halme wegschneiden und den Rest in feine Ringe schneiden. Zur Butter geben, unter Rühren andünsten und mit Mehl überstäuben. Das Mehl unter ständigem Umrühren hell anschwitzen lassen. Den Topf vom Herd nehmen, die Mehlschwitze mit süßer Sahne ablöschen und mit einem Schneebesen klumpenfrei rühren. Den Topf wieder auf die Herdplatte setzen und den Gemüsesud angießen. Die Sauce unter Rühren zum Kochen bringen und bei schwacher Hitze zugedeckt 10 Minuten köcheln lassen. Die Sauce mit Gemüsebrühe, Pfeffer, Muskat sowie Salz abschmecken und beiseite stellen. Den Backofen auf 200 °C vorheizen. Eine große Gratinform mit Butter ausstreichen. Die Salami oder Cervelatwurst in Würfel schneiden und zwischen die Romanescoröschen stecken. Den Romanesco in die Form geben, die Sauce darüber verteilen und den Käse darüber streuen. Das Ganze auf der mittleren Einschubleiste des Backofens 10 bis 15 Minuten überbacken.

Überbackene Spinatknödel

300 g Tiefkühlblattspinat · 1 EL Butter · Salz · Pfeffer aus der Mühle · 1 Pck. Knödel (halb und halb, Fertigprodukt) · 150 g Parmesan, gerieben · Butter für die Form · 400 g Schmand · 200 g süße Sahne · Muskatnuss, gerieben

Den Spinat in einem Sieb auftauen lassen. Die restliche Flüssigkeit ausdrücken. Die Butter in einem Topf zerlassen, den Spinat darin andünsten und mit Salz sowie Pfeffer abschmecken. Gut ½ Liter Wasser in eine Schüssel geben, das Knödelpulver einrühren und den Teig 10 Minuten quellen lassen. 3 EL Parmesan und den Spinat in den Knödelteig kneten. Aus dem Teig 24 kleine Knödel formen und in köchelndem Salzwasser etwa 15 Minuten ziehen lassen, bis sie an der Oberfläche schwimmen; mit einem Schaumlöffel herausnehmen und abtropfen lassen. Den Backofen auf 225 °C vorheizen. Eine Auflaufform mit etwas Butter einstreichen und die Knödel hineinsetzen. Schmand, Sahne und restlichen Parmesan verrühren; mit Salz, Pfeffer und Muskat abschmecken. Die Mischung über die Knödel gießen und das Ganze im Ofen auf mittlerer Einschubleiste etwa 20 Minuten goldbraun backen.

Gemüsepfannen und -töpfe

Gemüse-Bohnen-Pfanne

500 g festkochende Kartoffeln · 1 grüne Paprikaschote · 1 große Zwiebel · 2 Knoblauchzehen · 400 g Lauch · 2–3 EL Sonnenblumenöl · 800 g geschälte Tomaten (aus der Dose) · 500 g Kidneybohnen (aus der Dose) · je ½ TL getrockneter Thymian und Oregano · weißer Pfeffer aus der Mühle · Salz · 1 Prise Chilipulver · 1 Msp. Zucker · 150 g Kuhmilchfeta (z. B. Patros-Feta von Hochland)

Die Kartoffeln waschen, schälen und in Würfel von 1 cm Kantenlänge schneiden. Die Paprikaschote waschen, abtrocknen, halbieren, den Stielansatz, die Kerne und die weißen Innenteile entfernen. Das Fruchtfleisch in feine Streifen schneiden. Die Zwiebel und die Knoblauchzehen schälen und fein würfeln. Den Lauch waschen, putzen, die faserigen Blätter entfernen bzw. bis auf zarte, hellere Blattabschnitte zurückschneiden, die Stangen in feine Scheiben schneiden, diese zu Ringen auseinanderdrücken und nochmals waschen. In einer beschichteten Pfanne das Öl erhitzen und die Kartoffelwürfel darin von allen Seiten 5 Minuten anbraten. Paprika, Zwiebel, Knoblauch sowie Lauch hinzugeben und das Gemüse unter gelegentlichem Umrühren zugedeckt 10 Minuten dünsten. Die geschälten Tomaten mitsamt der Flüssigkeit dazugeben und mit einer Gabel grob zerkleinern. Die Kidneybohnen abtropfen lassen, untermengen und mit Thymian, Oregano, Pfeffer und Salz würzen; 15 Minuten zugedeckt schmoren lassen. Den Kuhmilchfeta mit einer Gabel zerbröckeln. Mit Chili und Zucker abschmecken und den Käse darüber streuen.

Bunte Pfanne mit Putenfleisch

400 g grüne Paprikaschoten · 200 g Möhren · 250 g Kohlrabi · 400 g Champignons · 600 g Putenfleisch aus der Keule · 4 EL Sonnenblumenöl · weißer Pfeffer aus der Mühle · Salz · 200 ml Milch · 200 ml Hühnerbrühe (Instant) · 200 g streichfähiger Schmelzkäse mit Champignons (z. B. von Hochland) · 1 Bund Schnittlauch

Die Paprikaschoten waschen, abtrocknen, halbieren, die Stielansätze, die Kerne und die weißen Innenteile jeweils entfernen und das Fruchtfleisch in feine Streifen schneiden. Die Möhren schälen und in feine Stifte schneiden. Von der Kohlrabiknolle die Stiele mitsamt den Blättern abschneiden. Die innersten Stiele und die zarten Blättchen fein hacken. Von der Knolle die Schale mit einem spitzen Messer abschälen und dabei holzige Stellen großzügig wegschneiden. Die Kohlrabiknolle ebenfalls in feine Stifte schneiden. Die Champignons waschen und, falls nötig, putzen. Die Hälfte der Pilze blättrig schneiden, die restlichen hacken. Das Putenfleisch in mundgerechte Würfel schneiden. 3 EL Öl in einer großen beschichteten Pfanne erhitzen, das Putenfleisch scharf von allen Seiten darin anbraten, salzen, pfeffern und nach 5 Minuten herausnehmen. Die Möhren- und Kohlrabistifte sowie die blättrig geschnittenen Champignons in die Pfanne geben und unter gelegentlichem Umrühren zugedeckt 15 Minuten bei mäßiger Hitze dünsten; mit Pfeffer und Salz würzen. In einem Topf das restliche Öl erhitzen und die gehackten Champignons darin anbraten, die Milch und die Brühe dazugießen und den Schmelzkäse esslöffelweise dazugeben. Unter ständigem Rühren den Käse bei milder Hitze schmelzen lassen. Die Käsesauce mitsamt den Champignonstückchen unter das Gemüse mischen. Das Ganze 5 Minuten leise köcheln lassen, dann die Putenfleischwürfel hinzugeben und das Gericht mit Pfeffer und Salz abschmecken. Den Schnittlauch waschen, trockentupfen, in Röllchen schneiden und darüber streuen.

Zuckerschotenpfanne mit Hähnchenbrust

Für das Fleisch: *500 g Hähnchenbrustfilet · 4 cl trockener Sherry · 1 TL Speisestärke* · Für das Gemüse: *3 Frühlingszwiebeln · 1 rote Paprikaschote · 100 g Zuckerschoten · 100 g kleine Maiskölbchen · 3 Knoblauchzehen · 4 EL Sojaöl · 3 TL Chinagewürzmischung (in Asienläden erhältlich) · 1 TL Ingwerpulver · 1 TL geschroteter Szechuan-Pfeffer (z. B. von Ubena) · 3 EL Sojasauce · 2 EL gekörnte Hühnerbrühe (Instant)*

Das Hähnchenfleisch kalt abspülen, trockentupfen, quer zur Faser in feine Streifen schneiden und in eine Schüssel geben. Den Sherry mit der Speisestärke glatt rühren und unter die Fleischstreifen mischen. Das Fleisch zugedeckt 30 Minuten marinieren lassen, dabei zwischendurch wenden. Inzwischen das Gemüse zubereiten. Die Frühlingszwiebeln putzen und waschen. Die Wurzelenden und das obere Drittel der Halme wegschneiden, den Rest in Scheiben beziehungsweise in Ringe schneiden. Die Paprikaschote waschen, halbieren, den Stielansatz, die Kerne und die weißen Innenteile entfernen und das Fruchtfleisch in feine Streifen schneiden. Die Zuckerschoten waschen, trockentupfen, die Enden jeweils knapp abschneiden und dabei die Fäden entlang der Schoten abziehen. Die Maiskölbchen kurz überbrausen und abtropfen lassen. Die Knoblauchzehen schälen und fein würfeln. In einem großen Topf das Öl erhitzen.

Das Fleisch auf einem Sieb abtropfen lassen, dabei die Marinade auffangen. Das Fleisch im Öl von allen Seiten scharf anbraten; herausnehmen und warm stellen. Im Bratfett die Frühlingszwiebeln und den Knoblauch kurz andünsten, das restliche Gemüse dazugeben und zugedeckt etwa 10 Minuten dünsten. Die Fleischstreifen, die Marinade und die Gewürze untermischen. Zum Schluss die Sojasauce sowie die Brühe hinzugeben; alles gut verrühren, einmal aufkochen lassen und nochmals abschmecken.

Wirsingpfanne mit Hähnchen

500 g Wirsing · 1 Fenchelknolle · 1 Bund Frühlingszwiebeln · 250 g Möhren · 3 EL Öl · 400 g Hähnchenbrustfilets · Salz · Pfeffer aus der Mühle · ½ Bund glatte Petersilie

Vom Wirsing den Strunk entfernen und den Rest in kleine Streifen schneiden. Die Fenchelknolle putzen, waschen, trockentupfen und ebenso in kleine Streifen schneiden. Die Frühlingszwiebeln waschen, putzen und in Ringe schneiden. Die Möhren waschen, putzen und in dünne Scheiben schneiden. Das Öl in einer Pfanne erhitzen und darin die Hähnchenbrustfilets anbraten; herausnehmen und beiseite stellen. Das Gemüse in die Pfanne geben und unter häufigen Wenden dünsten. Die Hähnchenbrustfilets in Scheiben schneiden und zum Gemüse geben. Alles mit Salz und Pfeffer kräftig abschmecken und zugedeckt weitere 5 Minuten garen lassen. Die Petersilie waschen, trockentupfen, klein hacken und vor dem Servieren über das Gericht streuen.

Tipp: Statt Frühlingszwiebeln können Sie auch Lauch oder Zucchini nehmen; auch Paprika und Maiskörner passen sehr gut zu diesem Gericht.

Gemüsepfanne

50 g Mandelstifte · 1 kg frisches Gemüse (Möhren, Knollensellerie, Lauch, Rosenkohl, Blumenkohl, Erbsen) · 3 EL Sonnenblumenöl · 100 ml trockener Weißwein · weißer Pfeffer aus der Mühle · Salz · etwas gekörnte Gemüsebrühe zum Abschmecken (Instant) · 200 g Ziegenfrischkäse oder Schafskäse · 2 EL Petersilie, gehackt

Die Mandelstifte in einer beschichteten Pfanne ohne Fettzugabe goldgelb rösten; beiseite stellen. Das Gemüse waschen, putzen, je nach Sorte schälen und in mundgerechte Stücke schneiden. In einem weiten Topf das Öl erhitzen und darin das Gemüse unter vorsichtigem Wenden 5 Minuten dünsten. Den Wein dazugießen und bei mittlerer Hitze zugedeckt etwa 10 Minuten schmoren lassen; mit Pfeffer, Salz und Brühe abschmecken. Den Ziegen- oder Schafskäse in kleine Würfel schneiden und zusammen mit den Mandelstiften und der gehackten Petersilie vorsichtig unter das Gemüse heben.

Maispfannkuchen

4 Tomaten · 450 g Tiefkühlblattspinat · 1 Zwiebel · 2 Knoblauchzehen · 2 EL Speiseöl · 300 g Mais (aus der Dose) · Salz · Pfeffer aus der Mühle · Muskatnuss, gerieben · 8 Eier

Die Tomaten kreuzweise einritzen, mit kochendem Wasser überbrühen, häuten, vierteln und die Kerne entfernen. Den Spinat auftauen und grob hacken. Zwiebel und Knoblauchzehen schälen und fein hacken. Das Öl erhitzen und die Zwiebel darin glasig werden lassen. Spinat, Knoblauch und abgetropften Mais dazugeben, 5 bis 10 Minuten dünsten und mit den Gewürzen pikant abschmecken. Die Gemüsemischung aus der Pfanne nehmen und zur Seite stellen. Je 4 Eier aufschlagen, verquirlen und mit Salz und Pfeffer würzen. Eine Eierportion in die Pfanne gießen, die Hälfte der Mais-Spinat-Masse und der Tomatenstreifen darauf anrichten und stocken lassen; genauso mit der zweiten Portion verfahren. Die Pfannkuchen in Stücke schneiden und auf Tellern anrichten.

Schinken-Gemüse-Pfanne

100 g roher Schinken in Scheiben · 1 EL Butter · 150 g Tomaten · 1 Zucchini · 150 g Tiefkühlerbsen · 300 g Maiskörner (aus der Dose) · 1 EL Essigessenz · 4 EL trockener Weißwein · ½ TL Zucker · 1 Bund Schnittlauch

Die Schinkenscheiben in einer beschichteten Pfanne in der Butter leicht anbraten, herausnehmen und beiseite stellen. Die Tomaten kreuzweise einritzen, überbrühen, enthäuten und in Stücke schneiden. Den Zucchini waschen, putzen und in Scheiben schneiden. Das Gemüse zusammen mit den Erbsen in die Pfanne geben und 5 Minuten bei mittlerer Hitze dünsten, dabei gelegentlich durchrühren. Den Mais abtropfen lassen und untermischen. Essigessenz mit Wein und Zucker verrühren, zum Gemüse geben und alles zugedeckt etwa 10 Minuten garen. Inzwischen den Schnittlauch waschen, trockentupfen, in Röllchen schneiden und unter das Gemüse mischen. Gegen Ende der Garzeit den Schinken zu Röllchen aufrollen, auf das Gemüse legen und bei aufgelegtem Deckel ganz kurz erhitzen.

Maispfanne mit Reis

200 g Basmatireis · 1 Zwiebel · 1 Knoblauchzehe · 200 g Champignons · 4 Tomaten · 1 Bund Frühlingszwiebeln · 300 g Mais (aus der Dose) · 2 EL Speiseöl · Salz · Pfeffer aus der Mühle · Paprikapulver · frischer Kerbel

Den Reis nach Packungsanweisung zubereiten. Zwiebel und Knoblauchzehe schälen, die Zwiebel fein würfeln und die Knoblauchzehe fein hacken. Die Champignons putzen und in Scheiben schneiden, die Tomaten waschen, Stielansätze und Kerne entfernen und das Fruchtfleisch in Würfel schneiden. Die Frühlingszwiebeln putzen, waschen und in Ringe schneiden. Den Mais abtropfen lassen. Das Öl erhitzen, die übrigen Zutaten nach und nach dazugeben und anbraten. Mit den Gewürzen abschmecken und nach Wunsch mit frischem Kerbel garniert servieren.

Gemüsepfanne mit pochiertem Ei

2 grüne Paprikaschoten · 1 Aubergine · 300 g Tomaten · 150 g Zwiebeln · 1 Knoblauchzehe · 4 EL Olivenöl · 300 g Maiskörner (aus der Dose)· 1 Bund Basilikum · weißer Pfeffer aus der Mühle · Salz · 3 EL Essigessenz · 1 EL Salz zum Kochen · 8 frische Eier

Die Paprikaschoten waschen, vierteln, Kerne und weiße Innenwände entfernen und das Fruchtfleisch würfeln. Aubergine, Zucchini und Tomaten waschen, putzen und fein würfeln. Zwiebeln und Knoblauchzehe schälen und ebenfalls fein würfeln. Das Öl in einer Pfanne erhitzen und das gewürfelte Gemüse darin andünsten. Den

Mais abtropfen lassen und dazugeben. Alles bei schwacher Hitze etwa 10 Minuten durchdünsten, dabei gelegentlich umrühren. Das Basilikum waschen, trockentupfen und die Blättchen in feine Streifen schneiden; die Hälfte der Menge unter das Gemüse mischen und den Rest zum Garnieren beiseite stellen. In einem weiten flachen Topf 1 Liter Wasser erhitzen. Die Essigessenz und das Salz dazugeben. Am besten zuerst vier Eier pochieren, weil der Topf für acht Eier nicht groß genug ist und das Wasser auch stark abkühlt, wenn man acht kalte Eier auf einmal aufsetzt. Die ersten vier Eier nacheinander in eine Schöpfkelle schlagen und vorsichtig in das heiße Essigwasser gleiten lassen; 4 bis 5 Minuten darin gar ziehen lassen (das Wasser darf nicht kochen). Inzwischen in einem zweiten Topf etwas Wasser zum Warmhalten der fertigen Eier erwärmen. Die pochierten Eier mit der Schaumkelle aus dem Essigwasser nehmen und im zweiten Topf warm halten. Die anderen vier Eier genauso zubereiten. Das Gemüse auf Tellern anrichten, je zwei pochierte Eier darauf setzen und mit dem restlichen Basilikum garnieren.

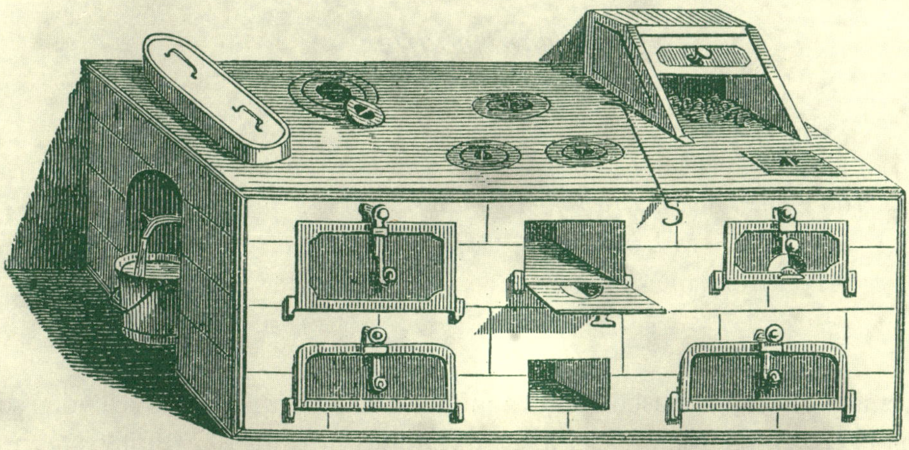

Gurkenscheiben in Sahnesauce

2 Salatgurken · 120 g Butter · 200 g süße Sahne · Salz ·
weißer Pfeffer aus der Mühle · Paprikapulver · ½ Bund Dill, fein gehackt

Die Gurken so schälen, dass grüne Stege stehen bleiben; in dickere Scheiben schneiden, halbieren und entkernen. Die Gurkenscheiben 30 Sekunden in kochendem, gesalzenem Wasser blanchieren, abgießen und kurz abschrecken. In einer großen Pfanne bei mittlerer Temperatur 100 g Butter erhitzen und die Gurken hineingeben. Mit Pfeffer und Salz würzen und unter leichtem Umrühren 5 Minuten weich dünsten. Auf einer vorgewärmten Platte anrichten. Die süße Sahne in die Pfanne geben, kurz aufkochen und bei mittlerer Hitze etwa 2 Minuten einkochen lassen. Mit Pfeffer, Salz und Paprikapulver abschmecken und bei niedriger Hitzezufuhr 2 EL kalte Butter unterrühren. Die Sahnesauce über den Gurkenscheiben verteilen und mit abgezupftem Dill bestreuen.

Gemüsepuffer

200 g Möhren · 250 g Kohlrabi · 250 g Rote-Bete-Knollen ·
100 g Emmentaler, gerieben · 1 TL süßer Senf · ½ Bund Schnittlauch ·
1 Ei · 2 EL helles Bier · weißer Pfeffer aus der Mühle ·
Muskatnuss, gerieben · Salz · 4–5 EL Butterschmalz

Das Gemüse gründlich waschen und abbürsten. Das Grün, die Wurzelenden sowie die Blätter entfernen und das Gemüse im Dampfdrucktopf 10 Minuten garen; kalt abschrecken, gut abtropfen lassen, schälen, grob raffeln und in eine Schüssel geben. Käse und Senf untermengen. Den Schnittlauch waschen und in feine Röllchen schneiden; dazugeben, Ei und Bier hinzufügen. Das Ganze mit Pfeffer, Muskat und Salz würzen. In einer beschichteten Pfanne das Butterschmalz erhitzen und die Gemüsepuffermasse esslöffelweise hineingeben. Mit einem Löffel die Häufchen leicht flach drücken und die Puffer auf jeder Seite etwa 4 Minuten braten.

Gemüsestifte in Thymianbutter

70 g Butter · 1 Zwiebel, in feine Würfel geschnitten · 100 ml trockener Weißwein · 200 g süße Sahne · 5 große Möhren · 4 Zucchini · Salz · Pfeffer aus der Mühle · 1 Tomate, gehäutet und gewürfelt · 10 Blätter Basilikum · 7 abgezupfte Thymianzweige

2 EL Butter in einem mittelgroßen Topf erhitzen, die Zwiebelwürfel dazugeben, umrühren und zugedeckt bei mittlerer Hitze 10 Minuten dünsten. Den Wein dazugießen, kurz aufkochen und 3 Minuten unter ständigem Rühren einkochen lassen. Süße Sahne und Thymian von 5 Zweigen hinzufügen, kurz aufkochen und bei mittlerer Hitze 15 Minuten eindicken lassen. Die Möhren und die Zucchini zuerst in dünne Längsscheiben und danach in sehr dünne Stifte schneiden. Das Gemüse blanchieren und kurz kalt abschrecken. 5 EL Butter in einer großen Pfanne erhitzen und Zucchini sowie Möhren unter leichtem Umrühren bei mittlerer Hitze 2 Minuten schmoren. Den restlichen Thymian hinzufügen und mit Pfeffer und Salz abschmecken. Die Möhren- und Zucchinistifte mit den Tomatenwürfeln mischen und wie Spaghetti auf einer großen Gabel aufrollen, sodass kleine „Nester“ entstehen. Mit der Sauce übergießen und mit dem in Streifen geschnittenen Basilikum bestreuen.

Gemüseragout mit Limburger

500 g Dinkel · Salz · 1 kg junges Gemüse (Möhren, Brokkoli, Kohlrabi, Sellerie) · 2 Knoblauchzehen, fein gehackt · 100 g Butter · Pfeffer aus der Mühle · Cayennepfeffer · 350 g süße Sahne · Butter für die Form · 200 g Limburger Käse

Den Dinkel in Salzwasser bissfest kochen, abgießen, heiß überbrausen und abtropfen lassen; warm stellen. Das Gemüse putzen, waschen und klein schneiden. Den Knoblauch in Butter anbraten, zum Gemüse geben, durchschwenken und mit Salz, Pfeffer sowie Cayennepfeffer würzen. Mit süßer Sahne auffüllen und bei geringer Hitzezufuhr garen. Den Dinkel in einer mit Butter gefetteten Gratinform anrichten, mit Sahnesauce übergießen und das Gemüse darauf anrichten. Mit dünnen Scheiben Limburger Käse belegen und unter dem Grill so lange gratinieren, bis die Oberfläche Farbe genommen hat.

Putenragout mit Champignons

500 ml Geflügelfond (aus dem Glas) · ⅛ l Weißwein · 500 g Putenfilet · 300 g Champignons · 2 Stangen Lauch · 4 EL Butterschmalz · Salz · Pfeffer aus der Mühle · 300 g Crème double · 1 EL Speisestärke · 1 Bund Basilikum

Den Geflügelfond und den Weißwein in einem großen Topf auf die Hälfte der Menge einkochen. Das Putenfleisch in Stücke schneiden, die Champignons putzen und eventuell vierteln; die Lauchstangen putzen, in Ringe schneiden und sorgfältig waschen. In einer Pfanne 2 EL Butterschmalz erhitzen und darin das Putenfleisch braun braten. Mit Salz und Pfeffer würzen, aus der Pfanne nehmen und mit einem Stück Alufolie zugedeckt warm stellen. Die Champignons im restlichen Butterschmalz goldbraun braten, leicht salzen und pfeffern; herausnehmen und ebenfalls warm stellen.

Den Bratensatz mit etwas Fond ablöschen und in den Topf mit dem reduzierten Fond geben. Crème double einrühren, Fleisch, Pilze sowie Lauch dazugeben und aufkochen lassen. Die Speisestärke in etwas kaltem Wasser anrühren und damit die Sauce binden. Das Basilikum waschen, trockentupfen, fein schneiden und unter die Sauce geben. Das Fleisch und die Pilze unter die Sauce mischen.

Pilzpfanne

250 g Champignons · 250 g Austernpilze · 250 g Shiitake-Pilze · 2 EL Öl · 50 g durchwachsener Räucherspeck · 1 Zwiebel · 1 TL Essigessenz · 1 Bund Lauchzwiebeln · Salz · Pfeffer aus der Mühle

Die Pilze putzen, waschen und gut abtrocknen; größere Pilze in kleine Stücke schneiden. Das Öl in einer großen Pfanne erhitzen, Speckwürfel darin knusprig ausbraten und herausnehmen. Die Zwiebel schälen, in Würfel schneiden, im heißen Fett glasig dünsten und die Essigessenz dazugeben. Die Lauchzwiebeln putzen und in schräge Scheibchen schneiden. Diese zusammen mit den Pilzen in die Pfanne geben und unter häufigem Wenden etwa 10 Minuten braten. Alles mit etwas Salz und reichlich frisch gemahlenem Pfeffer würzen. Nochmals mit einigen Tropfen Essigessenz abschmecken und mit Speckwürfeln bestreut zu Pellkartoffeln oder kräftigem Brot servieren.

Gemüse-Schinken-Pfanne

100 g roher Schinken, in Scheiben · 2 Tomaten ·
200 g Zucchini · 150 g TK-Erbsen · 300 g Tiefkühl-Maiskörner ·
1 EL Essigessenz · 4 EL Weißwein · ½ TL Zucker ·
1 Bund Schnittlauch, gehackt

Den Schinken in der Pfanne auslassen; herausnehmen und warm stellen. Die Tomaten enthäuten und in Stücke schneiden. Die Zucchini putzen, in Scheiben schneiden und mit den Erbsen sowie den Maiskörnern in die Pfanne geben; kurz andünsten. Die Essigessenz mit Weißwein und Zucker verrühren, unter das Gemüse geben und 10 Minuten garen. Kurz vor Ende der Garzeit den Schnittlauch darunter geben und den Schinken in Röllchen auf das Gemüse legen.

Gebratene Austernpilze

500 g Austernpilze · 2 Schalotten · 1 EL Öl ·
schwarzer Pfeffer aus der Mühle · Salz · 1 EL Petersilie, fein gehackt

Die Austernpilze kalt überbrausen, abreiben, falls nötig putzen, und in feine Scheiben schneiden. Die Schalotten schälen und fein würfeln. In einer beschichteten Pfanne das Öl erhitzen und die Schalotten darin glasig braten. Die Pilze hinzufügen und bei mittlerer Hitze 10 bis 15 Minuten dünsten. Die Hitze reduzieren und die Pilze so lange garen, bis die Flüssigkeit verdampft ist; salzen und pfeffern. Vor dem Servieren mit Petersilie bestreuen.

Tipp: Speisepilze enthalten etwa 90 % Wasser. Wenn Sie sie bei milder Hitze einige Zeit schmoren lassen, verdampft die Flüssigkeit. Die Pilze werden zwar trockener, aber im Geschmack intensiver. Verwenden Sie zum Schmoren eine beschichtete Pfanne.

Reispfanne mit Pilzen

250 g Langkornreis · Salz · 1 kleinere Zwiebel · 1 rote Paprikaschote · 250 g frische Champignons · 250 g Austernpilze · 60 g Grillbutter (z. B. von Meggle) · Pfeffer aus der Mühle · 1 Msp. Cayennepfeffer · 1 Bund Basilikum · ½ Bund frische Minze

Den Reis in Salzwasser zugedeckt bei milder Hitze etwa 25 Minuten garen. Die Zwiebel schälen und fein hacken. Die Paprikaschote putzen, waschen und in kleine Würfel schneiden. Die Champignons putzen, abbrausen und in Viertel schneiden. Die Austernpilze abbrausen und in Streifen schneiden. Die Grillbutter in einer breiten Pfanne erhitzen und darin die Champignons zusammen mit den Austernpilzen 5 Minuten kräftig anbraten. Zwiebel und Paprika untermischen und 5 Minuten dünsten. Den Reis in die Pfanne geben und alles gut vermischen. Mit Salz, Pfeffer und Cayennepfeffer kräftig würzen und weitere 5 Minuten garen; abschmecken und eventuell nachwürzen. Basilikum und Minze waschen, Blätter abzupfen, diese grob hacken und zum Schluss untermischen.

Gemüsereis

150 g Spargel · 1 junge Möhre · 2 Zwiebeln ·
100 g junge Bohnen · 100 g junge Erbsen · 60 g Butter · 200 g Reis ·
¾ l heiße Fleischbrühe (Instant) · Salz · Pfeffer aus der Mühle ·
1 EL Kräuter, gehackt · 3 EL Allgäuer Bergkäse, gerieben

Den Spargel putzen und in Stücke schneiden. Möhre und Zwiebeln schälen und in Würfel schneiden. Die Bohnen putzen und in 2 cm lange Stücke schneiden. Die Butter in einem Topf erhitzen und die Zwiebeln darin glasig dünsten. Das gesamte Gemüse nach und nach dazugeben und anbraten. Den gewaschenen Reis darüber streuen, mit Salz und Pfeffer würzen und unter Rühren die heiße Fleischbrühe dazugießen. Etwa 20 Minuten sprudelnd kochen lassen, dabei immer wieder umrühren. Wenn der Reis die gesamte Flüssigkeit aufgesogen hat, Kräuter und Käse untermischen.

Ratatouille

2 Zwiebeln · 500 g Auberginen · 500 g zarte Zucchini · 750 g vollreife
Tomaten · 375 g grüne Paprikaschoten · 6 EL Olivenöl · 1 TL Salz ·
1 TL gekörnte Brühe (Instant) · ½ TL schwarzer Pfeffer aus der Mühle ·
2 Knoblauchzehen · 2 EL Basilikum, fein gehackt · 3 EL Petersilie, gehackt

Die Zwiebeln schälen und fein hacken. Die Auberginen waschen, putzen und in Würfel mit etwa 3 cm Kantenlänge schneiden. Die Zucchini waschen, putzen und in ebenso große Würfel schneiden. Die Tomaten einritzen, mit kochendem Wasser überbrühen, enthäuten und würfeln. Die Paprikaschoten waschen, vierteln, die Kerne und weißen Innenwände entfernen und das Fruchtfleisch würfeln. In einem Schmortopf oder Bräter das Öl erhitzen, die Zwiebeln darin goldgelb dünsten, die Auberginen- und Zucchiniwürfel hinzufügen und 5 Minuten mitdünsten. Die Tomaten- und Paprikawürfel darunter mischen und das Gemüse mit Salz, Brühe und Pfeffer würzen. Den Backofen auf 200 °C vorheizen und das Gemüse darin offen 40 Minuten schmoren; gegebenfalls etwas Wasser hinzugeben. Den Knoblauch schälen und durchpressen, die Kräuter waschen, fein hacken und mit dem Knoblauch unter das Gemüse mischen. Die Ratatouille heiß oder kalt servieren.

Variation: Statt der grünen Paprikaschoten kann man auch gemischte Paprikaschoten verwenden: Neben grünen und roten Schoten gibt es noch gelbe und orangefarbene.

Paprika-Tomaten-Gemüse

Je 1 rote, grüne und gelbe Paprikaschote · 200 g Zwiebeln ·
2 Knoblauchzehen · 2 EL Öl · 250 g passierte Tomaten · 1 EL Essigessenz ·
2 EL Zucker · Salz · ½ TL Cayennepfeffer

Die Paprikaschoten putzen, waschen und grob würfeln. Die Zwiebeln schälen und in Spalten schneiden. Den Knoblauch schälen und hacken. Das Öl in einem Topf erhitzen und darin Zwiebeln sowie Knoblauch glasig schmoren. Die Paprikawürfel dazugeben und 5 Minuten braten. Tomaten und Essigessenz hinzufügen und aufkochen lassen. Mit Zucker, Salz und Cayennepfeffer abschmecken und 20 Minuten leise kochen lassen.

Paprika-Bohnen-Gemüse

*300 g rote Bohnen (aus der Dose) · 2 Knoblauchzehen · 5 EL Olivenöl ·
1 EL Honig · 4 TL Essigessenz (z. B. von Surig) · Salz · Pfeffer aus der Mühle ·
je 2 rote und gelbe Paprikaschoten · 1 Bund Thymian · 75 ml Rotwein*

Die Bohnen in ein Sieb geben und unter fließendem Wasser abspülen; abtropfen lassen. Die Knoblauchzehen schälen, durch die Presse drücken, mit 2 EL Olivenöl, Honig, Essigessenz, Salz und Pfeffer verrühren. Die Bohnen darin etwa 5 Stunden marinieren und ab und zu umrühren. Die Paprikaschoten putzen, waschen und in schmale Streifen schneiden. Den Thymian waschen, trockentupfen und von den Stielen zupfen. Die Paprikaschoten in 3 EL Öl kräftig anschmoren, Thymian und Rotwein dazugeben und etwa 5 Minuten dünsten. Die Bohnen mit der Marinade zur Paprika geben und etwa 2 bis 3 Minuten offen köcheln lassen. Zum Schluss kräftig abschmecken.

Fränkisches Meerrettichgemüse

*600 g Meerrettichstangen · 3 EL Butterschmalz · 4 EL Mehl ·
250 ml Gemüse- oder Fleischbrühe (Instant) · 5 EL süße Sahne · 2 Eier ·
weißer Pfeffer aus der Mühle · Zucker · Salz · 2 EL Petersilie, fein gehackt*

Die Meerrettichstangen gut waschen, abbürsten und schälen. Die Stangen auf der groben Gemüsereibe raspeln. Das Butterschmalz in einem weiten Topf erhitzen und die Meerrettichpaste darin unter ständigem Rühren dünsten. Beim Reiben und

Dünsten entsteht ein beißender, zu Tränen reizender Geruch, daher am besten bei geöffnetem Fenster arbeiten. Das Mehl über das Gemüse stäuben und alles unter Rühren weiter anschwitzen, bis der beißende Geruch verschwindet. Die Brühe angießen und das Ganze unter Rühren aufkochen lassen. 5 Minuten bei schwacher Hitze köcheln, die süße Sahne einrühren und das Gemüse weiter köcheln lassen. Die Eier sorgfältig trennen. Das Gemüse vom Herd nehmen und die Eigelbe rasch unterrühren. Die Eiweiße steif schlagen und mit dem Schneebesen unter das Gemüse ziehen. Das Gemüse mit Pfeffer, Zucker und Salz abschmecken. Den Meerrettich in eine vorgewärmte Schüssel füllen und mit gehackter Petersilie bestreuen.

Tipp: In Franken ist dieses Meerrettichgemüse klassischer Bestandteil von großen Festessen. Man serviert das Gemüse zusammen mit Bandnudeln zu Tafelspitz. Gerne reicht man dazu noch Preiselbeeren. Wer sich die mühevolle Vorbereitung des Meerrettichs sparen möchte, kauft frisch geriebenen Meerrettich (Kren) in Gläsern.

Möhrentopf

1 Zwiebel · 600 g magerer durchwachsener Bauchspeck · 1 Stange Lauch · 5 EL Butter · ¼ l Fleischbrühe (Instant) · 600 g Möhren · 500 g Kartoffeln · ½ TL Salz · einige Tropfen Tabasco · ½ TL getrockneter Majoran · 2 kleine Tomaten · 2 EL Petersilie, fein gehackt

Die Zwiebel schälen und fein hacken. Den Schweinebauch fein würfeln. Den Lauch waschen, putzen und längs halbieren; nochmals abbrausen und in Streifen schneiden. Die Butter in einem großen Topf erhitzen und die Speckwürfel darin gut anbraten. Das Gemüse dazugeben und alles bei mäßiger Hitze andünsten. Soviel Brühe dazugeben, dass der Speck bedeckt ist, dann das Ganze zugedeckt 20 Minuten köcheln lassen.

Inzwischen die Möhren und die Kartoffeln waschen, schälen und würfeln oder in Scheiben schneiden. Zusammen mit den Gewürzen in den Topf geben, alles gut durchmischen und die restliche Brühe dazugeben. Das Gemüse zugedeckt weitere 20 bis 25 Minuten schmoren lassen. Die Tomaten über Kreuz einritzen, überbrühen, enthäuten und halbieren. Die Kerne herausschaben, das Fruchtfleisch würfeln und unter das Gemüse mischen. Das Gericht abschmecken und mit Petersilie bestreuen.

Tipp: Wenn Reste übrig bleiben, bereiten Sie daraus eine feine Suppe zu: Das Gemüse im Topf pürieren, dabei die gewünschte Menge Brühe zugießen, das Ganze zum Kochen bringen und mit Crème fraîche abrunden.

Schwarzwurzeltopf

1 kg Schwarzwurzeln · 3 EL Mehl · 5 EL Essig oder Zitronensaft · 1 EL Butter · 2 Zwiebeln · 2 EL Mehl · ½ l Fleischbrühe (Instant) · 100 g Knollensellerie · 300 g Kartoffeln · Pfeffer aus der Mühle · Salz · 1 Msp. Muskatnuss, gerieben · reichlich frische Kräuter (Majoran, Thymian, Petersilie, Schnittlauch) · 250 g gemischtes Hackfleisch

Die Schwarzwurzeln unter fließendem Wasser gut abschrubben, ungeschält in eine große Schüssel mit Wasser legen und gut 1 EL Mehl sowie 2 EL Essig oder Zitronensaft einrühren. In eine zweite Schüssel ebenfalls kaltes Wasser füllen und das restliche Mehl sowie den restlichen Essig oder Zitronensaft einrühren. Die Schwarzwurzelstangen mit einem Spargelschäler nacheinander von oben nach unten dünn schälen und jede Stange sofort in das Essig- oder Zitronenwasser legen. In einen Bräter mit Siebeinsatz etwas Wasser geben, die Schwarzwurzeln auf den Einsatz legen und das Gemüse zugedeckt etwa 30 Minuten garen. Inzwischen die Butter in einem großen Topf erhitzen. Die Zwiebeln schälen, fein würfeln, in der Butter glasig werden lassen, das Mehl darüber stäuben und unter Rühren hell anschwitzen. Die kalte Fleischbrühe unter Rühren dazugießen und die Masse zum Kochen bringen; unter Rühren 5 Minuten durchköcheln lassen. Den Topf vom Herd nehmen. Die Schwarzwurzeln aus dem Topf nehmen, in Stücke schneiden und in die Sauce geben. Den Sellerie schälen, in feine Streifen schneiden und dazugeben. Die Kartoffeln waschen, schälen, fein würfeln und hinzufügen. Pfeffer, Salz und Muskat untermischen und das Ganze zugedeckt bei schwacher Hitze 20 Minuten garen. Die Kräuter waschen, trockentupfen und fein hacken. Eine Hälfte unter das Hackfleisch mischen, die Masse mit Pfeffer und Salz würzen und daraus kirschgroße Bällchen formen. Die Hackfleischbällchen in den Gemüsetopf geben und alles zugedeckt weitere 5 Minuten gar ziehen lassen. Mit den restlichen Kräutern bestreuen.

Gemüsekuchen, Gemüsestrudel und -quiches

Krautstrudel

Für den Teig: *250 g Mehl · 1 EL Sonnenblumenöl · Salz · 1 Ei · Öl zum Bestreichen* · Für die Füllung: *50 g USA-Sonnenblumenkerne · 1 kleine Zwiebel · 1 Kopf Weißkohl (Weißkraut, 700 g) · 1 mittelgroßer Apfel · einige Zweige Thymian · 2 EL Butter · 100 g saure Sahne · 2 TL mittelscharfer Senf · 1 TL Kräutersalz · weißer Pfeffer aus der Mühle* · Außerdem: *2 EL Mehl zum Ausrollen · 2 EL Semmelbrösel · 1 EL Milch · 2 EL USA-Sonnenblumenkerne*

Das Mehl auf eine Arbeitsplatte geben, in die Mitte eine Vertiefung drücken. Öl, Salz, Ei und 70 ml warmes Wasser hineingeben. Die Zutaten von der Mitte aus mit einem Teigschaber vermengen. Nach und nach weitere 60 ml warmes Wasser dazugeben und das Ganze mit den Händen zu einem glatten Teig verkneten. Den Teig zu einer Kugel formen. Diese dünn mit Öl bestreichen. Eine Edelstahlschüssel mit kochend heißem Wasser füllen, etwas stehen lassen, damit die Schüssel richtig heiß wird, dann das Wasser ausschütten und die feuchtheiße Schüssel über die Teigkugel stülpen. Den Teig darunter etwa 30 Minuten ruhen lassen. Die Sonnenblumenkerne in einer beschichteten Pfanne trocken rösten, bis sie duften. Die Zwiebel schälen und fein würfeln. Den Kohlkopf vierteln, den Strunk jeweils herausschneiden und die äußersten, welken Blätter entfernen. Die Kohlviertel mit einem scharfen Messer quer in ½ cm breite Streifen schneiden. Den Apfel waschen, vierteln, das Kerngehäuse entfernen und das Fruchtfleisch würfeln. Den Thymian waschen, trockentupfen und die Blättchen von den Stielen zupfen. Die Butter in einem großen Topf erhitzen. Die Zwiebelwürfel darin glasig dünsten, die Kohlstreifen, die Apfelwürfel und den Thymian dazugeben und das Ganze unter gelegentlichem Umrühren 7 Minuten andünsten. Das Gemüse in eine Schüssel geben und die Sonnenblumenkerne untermengen. Die saure Sahne mit Kräutersalz, Pfeffer und Senf verrühren und die Mischung gleichmäßig unter das Gemüse mengen. Den Backofen auf 200 °C vorheizen. Eine Arbeitsfläche leicht mit Mehl bestäuben und den Strudelteig darauf dünn zu einem Rechteck ausrollen. Beide Handrücken darunter schieben und den Teig über die Handrücken vorsichtig in alle Richtungen auseinander ziehen. Ein Küchentuch leicht mit Mehl bestäuben und den Teig darauf ausbreiten. Den Teig mit Öl bestreichen und mit Semmelbröseln bestreuen. Die Gemüsemischung auf dem Teig verteilen, dabei die Ränder frei lassen. Die überstehenden Schmalseiten nach innen über die Füllung klappen und den Strudel von einer Längsseite her durch Anheben des Küchentuches vorsichtig aufrollen. Den Teigschluss mit Wasser bestreichen und andrücken. Ein Backblech mit Backpapier auslegen. Den Strudel mit Hilfe des Tuches mit dem Teigschluss nach unten auf das Blech setzen. Mit Milch bestreichen und mit Sonnenblumenkernen bestreuen. Den Strudel im Backofen auf der mittleren Einschubleiste etwa 40 Minuten backen.

Gemüsestrudel

250 g Mehl · Salz · 5 EL Öl · 2 Zwiebeln · 8 Wirsingblätter · 1 Msp. Haushaltsnatron · 500 g Möhren · 200 g roher Schinkenspeck in dünnen Scheiben · 200 g Camembert mit Knoblauch (z. B. von Bresso) · weißer Pfeffer aus der Mühle · Muskatnuss, gerieben

Aus Mehl, 1 TL Salz, 125 ml warmem Wasser und 2 EL Öl einen glatten Teig kneten. Diesen zur Kugel formen und unter einem angewärmten Tuch 1 Stunde ruhen lassen. Die Zwiebeln schälen, würfeln und in 2 EL Öl glasig dünsten. Salzwasser zusammen mit Natron aufkochen und die Wirsingblätter darin 3 bis 4 Minuten blanchieren. Den Backofen auf 200 °C vorheizen und ein Blech mit Backpapier auslegen. Die Möhren schälen, in dünne Scheiben schneiden und im Wirsingsud 3 Minuten blanchieren. Die Schinkenscheiben halbieren, den Käse in Würfel schneiden. Den Teig zu einem dünnen Rechteck ausrollen und dünn ausziehen. Schinken, Zwiebeln, Wirsing, Möhren und Käse darauf verteilen, dabei einen 3 cm breiten Rand frei lassen; mit Pfeffer, Muskat und Salz würzen. Den Rand der beiden Längsseiten über die Füllung schlagen und den Strudel aufrollen. Den Teigschluss mit Wasser bestreichen und fest andrücken. Den Strudel mit dem Teigschluss nach unten auf das Blech setzen. Mit dem restlichen Öl bestreichen und im Backofen etwa 40 Minuten backen.

Sauerkrauttorte mit Ananas

Für 12 Stücke

250 g Mehl · 125 g Butter · 4 Eier · Salz · Butter für die Form · 5 EL Rosinen · 2 cl Apfelschnaps · 1 mittelgroße Zwiebel · Butterschmalz für die Pfanne · 500 g Sauerkraut (aus der Dose) · 15 Scheiben Frühstücksspeck (Bacon) · 4 Scheiben Ananas · 5 Scheiben von 1 geschältem Apfel · 1 Eigelb · 200 g süße Sahne · 125 g Speisequark · Salz · Pfeffer aus der Mühle · Oregano

Aus Mehl, Butter, 1 Ei, 3 EL kaltem Wasser sowie 1 Prise Salz einen Mürbeteig bereiten und diesen etwa 1 Stunde ruhen lassen. Eine Backform (26 bis 28 cm Ø) mit Butter einfetten, den Teig einfüllen und im vorgeheizten Backofen bei 200 °C etwa 15 bis 20 Minuten backen. Die Rosinen für etwa 2 Stunden im Apfelschnaps einlegen.

Die Zwiebel schälen und fein hacken. In einer Pfanne etwas Butterschmalz erhitzen und darin die Zwiebel glasig werden lassen. Das Sauerkraut klein schneiden, in die Pfanne geben, die Rosinen hinzufügen und alles auf kleinster Stufe etwa 5 Minuten ziehen lassen. Den Frühstücksspeck klein schneiden, auf dem Teigboden verteilen, das erkaltete Sauerkraut darüber geben und die Ananas- sowie Apfelscheiben darauf legen. Die restlichen Eier mit dem Eigelb, der Sahne und dem Frischkäse verquirlen, mit Salz, Pfeffer sowie Oregano würzen und über das Sauerkraut gießen. Im vorgeheizten Backofen bei 200 °C etwa 20 bis 25 Minuten backen. Die Torte heiß oder kalt servieren.

Tipp: Ananas und andere süße, saftreiche Früchte harmonieren gut mit Sauerkraut. Zu diesem originellen Auflauf passen Kartoffeln. Wer dazu noch gerne Fleisch essen möchte, greift zu Kasseler Rippchen.

Rosenkohltorte

Für 12 Stücke
3 Scheiben Tiefkühlblätterteig · 700 g Rosenkohl · Salz · 100 g Frühstücksspeck (Bacon) · 250 g Quark · 2 Eier · 100 g Emmentaler, gerieben

Den Blätterteig auftauen lassen, die Scheiben ausrollen und damit eine Springform (26 bis 28 cm Ø) auslegen. Den Teig mit einer Gabel mehrfach einstechen. Den Rosenkohl putzen, waschen, in sprudelndem Salzwasser etwa 10 Minuten bissfest kochen, in ein Sieb geben und abtropfen lassen. Den Frühstücksspeck in Streifen schneiden und diese auf den Teig in der Form legen. Den Rosenkohl trockentupfen und darüber verteilen. Quark, Eier und geriebenen Käse gut miteinander verrühren und über den Rosenkohl geben. Den Backofen auf 180 °C vorheizen und darin die Torte 35 bis 40 Minuten goldbraun backen.

Gemüse-Eier-Kuchen

Für den Teig: *200 g Mehl · 50 g Walnüsse, gemahlen · 80 g Butter · Salz* · Für die Füllung: *1 rote Paprikaschote · 1 Zucchini · 250 g Brokkoli · 2 EL Sonnenblumenöl · 3 TL Gemüsewürzer (z.B. von Fuchs) · Salz · schwarzer Pfeffer aus der Mühle · Mehl für die Arbeitsfläche · Fett für die Form · 5 Eier · 100 ml Milch · 3 TL Eierwürzer (z.B. von Fuchs)*

Für den Teig Mehl, Walnüsse, Butter, Salz und Wasser zu einem Mürbeteig verkneten und etwa 30 Minuten kühl stellen. Den Backofen auf 180 °C vorheizen. Die

Paprikaschote halbieren, zusammen mit der Zucchini putzen und waschen. Die Paprikaschote in Würfel und die Zucchini in Scheiben schneiden. Den Brokkoli putzen, waschen und in Röschen teilen. Das Gemüse in heißem Öl anbraten, mit Gemüsewürzer, Salz und Pfeffer abschmecken.

Den Teig auf einer bemehlten Arbeitsfläche ausrollen, eine gefettete Springform (26 cm Ø) damit auslegen, einen Rand hochziehen und bei 180 °C im Backofen etwa 12 Minuten blind backen. Das Gemüse auf dem vorgebackenen Boden verteilen, Eier mit Milch verquirlen und mit Eierwürzer würzen. Über das Gemüse geben und bei 180 °C im Backofen etwa 40 bis 50 Minuten backen. Die Quiche mit einer frischen Gemüsegarnitur servieren.

Gemüsefladen mit Schafskäse

600 g gemischtes frisches Gemüse (Möhren, Erbsen, Paprikaschoten, Brechbohnen, Kohlrabi) · 2 EL Butter · 8 Eier · 1 Bund Petersilie, gehackt · weißer Pfeffer aus der Mühle · Salz · 150 g Schafskäse

Das Gemüse waschen, putzen, je nach Sorte schälen und alles in kleine Stücke schneiden. Die Butter in einer großen beschichteten Pfanne erhitzen und das Gemüse darin von allen Seiten scharf anbraten. Die Hitzezufuhr reduzieren und das Gemüse offen etwa 5 Minuten garen. Die Eier mit der Hälfte der Petersilie sowie mit Pfeffer und Salz verquirlen und über der Gemüsemischung verteilen. Das Ganze bei milder Hitze stocken lassen. Den Schafskäse in kleine Würfel schneiden oder mit den Fingern zerbröckeln und über das Gemüse verteilen. Alles zugedeckt weitere 5 Minuten stocken lassen. Den Fladen in Viertel teilen und auf vorgewärmten Tellern servieren.

Tomaten-Zucchini-Kuchen

Für 12 Stücke

300 g Weizenmehl · ½ Würfel Hefe (ca. 20 g) · 1 TL Salz · 70 g flüssiges Butterschmalz · Mehl zum Kneten, Formen und Ausrollen · weiches Butterschmalz · 500 g Tomaten, in Scheiben · 500 g Zucchini, in Scheiben · Pfeffer aus der Mühle · Salz · 80 g Emmentaler, gerieben · 2 frische Eier · 100 g Crème fraîche · 1 EL Majoran, fein gehackt · 1 EL Thymian, fein gehackt

In das Mehl eine Vertiefung drücken. Die Hefe hineinbröckeln und 175 ml warmes Wasser darüber gießen. Die Hefe unter Rühren im Wasser auflösen. Das Salz auf den Mehlrand streuen und den Vorteig zugedeckt etwa 15 Minuten gehen lassen, bis er Blasen wirft. Das Mehl von der Mitte her unter den Hefevorteig rühren, das flüssige Butterschmalz auf den Rand geben und alles zu einem glatten geschmeidigen Teig kneten. Den Teig zu einer Kugel formen und zugedeckt an einem warmen Ort etwa 30 Minuten gehen lassen, bis er seine Größe verdoppelt hat.

Ein Kuchenblech mit weichem Butterschmalz einfetten und den Backofen auf 220 °C vorheizen. Den Teig auf einer bemehlten Unterlage rechteckig in der Größe des Blechs ausrollen, vorsichtig auf das Blech legen und mit den Fingern einen Rand andrücken. Den Teig mit einer Gabel mehrmals einstechen. Die Tomaten- und Zucchinischeiben schuppenartig auf dem Teigboden anordnen, mit Pfeffer sowie Salz würzen und mit Käse bestreuen.

Die Eier in ein Rührgefäß schlagen, mit einem Schneebesen verquirlen, die Crème fraîche sowie die Kräuter unterrühren und mit Pfeffer sowie Salz würzen. Die Masse auf dem Belag verteilen und den Kuchen im Ofen auf unterster Einschubleiste 40 Minuten backen. In 12 Stücke schneiden und noch warm servieren.

Krautpudding

Für 8 Stücke

4 Weißkohlblätter · 300 g Weißkohl, fein geschnitten · 150 g Lauch, fein geschnitten · 150 g Möhren in Scheiben · Salz · 1 Ei · 1 Eiweiß · 200 ml Milch · Pfeffer aus der Mühle · ½ TL Estragon, gehackt · ½ TL Schnittlauch, fein gehackt · ½ TL Petersilie, gehackt · ½ Zwiebel, fein gehackt · Butter für die Form

Von den Kohlblättern die Strünke entfernen und diese ebenso wie die übrigen Gemüse jeweils separat in kochendem Salzwasser etwa 5 Minuten blanchieren; gut abtropfen lassen. Ei und Eiweiß mit einer Gabel so lange schlagen, bis sie sich verbinden. Die Milch dazugießen, mit Salz und Pfeffer würzen und die Kräuter sowie die Zwiebel hinzufügen. Eine Puddingform (15 cm Ø) einfetten und mit den Kohlblättern auslegen; diese dabei so weit über den Rand ragen lassen, dass sie später die Füllung bedecken. In die Form abwechselnd Lauch, gehackten Kohl, Möhren und Ei-Kräuter-Mischung einschichten. Die letzte Schicht mit der Ei-Kräuter-Mischung bedecken und die Kohlblätter vom Rand her über die Füllung schlagen. Die Form mit Alufolie verschließen und in einem Wasserbad in den vorgeheizten Backofen schieben. Den Krautpudding bei 220 °C etwa 90 Minuten garen (sobald das Wasser simmert, die Temperatur auf 180 °C reduzieren). Vor dem Servieren den Pudding 15 Minuten ruhen lassen, erst dann stürzen und in acht Teile schneiden.

Allgäuer Krauttorte

Für den Teig: *100 g Speisequark · 1 Ei · 2 EL Sonnenblumenöl · 150 g Mehl · 1 TL Backpulver · Salz ·* Für den Belag: *500 g Weißkohl (Weißkraut) · 2 Zwiebeln · 2 säuerliche Äpfel · 2 Knoblauchzehen · 2 EL Zucker · 4 EL Butter · 2 EL edelsüßes Paprikapulver · weißer Pfeffer aus der Mühle · 1 EL Apfel- oder Obstessig · 1 Bund Petersilie · 250 g Allgäuer Emmentaler · 3 Eier · 200 g saure Sahne ·* Außerdem: *Butter für die Form · Mehl zum Ausrollen*

Für den Teig Quark, Ei sowie Öl in eine Schüssel geben und mit den Quirlhaken eines Handrührgeräts glatt rühren. Das Mehl mit dem Backpulver und mit ½ TL Salz vermischen. Unter ständigem Rühren esslöffelweise dazugeben. Den Teig mit beiden Händen kurz durchkneten, zu einer Kugel formen, in Klarsicht- oder Alufolie einschlagen und für 30 Minuten kühl stellen. Den Kohlkopf vierteln, den Strunk jeweils herausschneiden und die Kohlviertel quer in dünne Streifen schneiden oder hobeln. Die Zwiebeln schälen und fein würfeln. Die Äpfel schälen, vierteln, das Kerngehäuse jeweils entfernen und das Fruchtfleisch in Achtel schneiden. Die Knoblauchzehe schälen. In einem großen Topf den Zucker erwärmen und unter Rühren goldgelb karamellisieren lassen. Die Butter dazugeben, Zwiebelwürfel, Kohlstreifen und Apfelstücke hinzufügen. Unter gelegentlichem Umrühren von allen Seiten andünsten. Die Knoblauchzehe durch die Presse drücken und das Ganze zugedeckt bei mittlerer Hitze 20 Minuten dünsten. Den Essig untermischen.

Den Backofen auf 200 °C vorheizen. Die Petersilie waschen, trockentupfen, die groben Stängel entfernen und die zarten Zweige mitsamt den Blättchen fein hacken; unter den Kohl mischen und die Gemüsemischung abkühlen lassen. Eine Springform (24 cm Ø) mit Butter einfetten. Auf einer bemehlten Arbeitsfläche den Teig kreisrund ausrollen und auf den Boden der Springform legen. Die Teigreste verkneten, ausrollen und 3 cm breite Streifen für den Rand ausrollen. Die Teigstreifen an den Springformrand drücken. Den Emmentaler in Würfel schneiden und unter das Gemüse mischen. Die Eier mit der sauren Sahne verquirlen, mit Pfeffer und Salz würzen und unter die Kohlmischung mengen. Die Gemüsemischung in die Springform füllen und etwas glatt streichen. Die Krauttorte auf der mittleren Einschubleiste des Backofens etwa 40 Minuten backen, bis sie eine goldgelbe, knusprige Oberfläche hat.

Blätterteigherzen mit Mais-Käse-Füllung

450 g Tiefkühlblätterteig · 300 g Mais (aus der Dose) ·
150 g Frischkäse, wahlweise Schafskäse (schmeckt etwas herzhafter) ·
3 EL gemischte Tiefkühlkräuter · Salz · Pfeffer aus der Mühle · 1 Ei

Den Blätterteig auftauen und den Mais gut abtropfen lassen. Den Mais mit Frisch- oder Schafskäse und den Kräutern verrühren. Mit Salz und Pfeffer pikant abschmecken. Aus dem Blätterteig 16 Herzen ausstechen oder -schneiden. Mit Löffeln die Masse auf die Hälfte der Herzen verteilen. Das Ei verquirlen und die Ränder der Herzen mit Ei einstreichen, die anderen Teigherzen obenauf setzen und am Rand mit einer Gabel festdrücken. Auf ein mit Backpapier ausgelegtes Backblech legen, mit dem restlichen Ei bestreichen und im vorgeheizten Backofen bei 175 °C etwa 25 Minuten backen.

Tipp: Aus den Teigresten radeln Sie schmale Streifen aus, bestreichen sie mit verquirltem Ei und bestreuen sie mit Käse, Kümmel oder Mohn. Dann bei 220 °C etwa 5 bis 7 Minuten backen. Ein ausgesprochen feines Knabbergebäck!

Tomatentorte

125 g zarte Haferflocken · 125 g Mehl · 125 g Butter · 1 Eigelb · ¼ TL Salz · Butter für die Form · Mehl zum Ausrollen · 125 g gekochter Schinken ohne Fettrand · 1 große grüne Paprikaschote · 3 Tomaten · 725 g Gouda · 1 Bund Petersilie · 250 g saure Sahne · Salz · Tabasco · 3 Eier · 2 gehäufte EL Instant-Haferflocken

Haferflocken, Mehl, Butter, Eigelb, Salz und 4 bis 6 TL kaltes Wasser in eine Schüssel geben und gut miteinander verkneten. Eine Springform (26 cm Ø) mit Butter ausstreichen. Den Teig auf leicht bemehlter Arbeitsfläche in der Größe der Form rund ausrollen, in die Form legen und einen kleinen Rand hochdrücken. Den Backofen auf 190 °C vorheizen und den Teigboden auf der untersten Einschubleiste 15 Minuten vorbacken. Inzwischen den Schinken fein würfeln. Die Paprikaschote waschen, putzen, vierteln, die Kerne und die Innenwände entfernen und das Fruchtfleisch klein schneiden. Die Tomaten kreuzweise einritzen, überbrühen, enthäuten und in dicke Scheiben schneiden. Den Käse grob raspeln. Die Zutaten auf dem vorgebackenen Teigboden verteilen. Die Petersilie waschen, trockentupfen und die groben Stängel entfernen. Die zarten Stiele mit den Blättchen fein hacken und zusammen mit saurer Sahne, Salz, Tabasco, Eier sowie Instant-Haferflocken in eine Schüssel geben; mit dem Schneebesen gründlich verrühren. Die Masse über den Gemüsebelag gießen und die Torte bei 190 °C weitere 30 bis 40 Minuten backen.

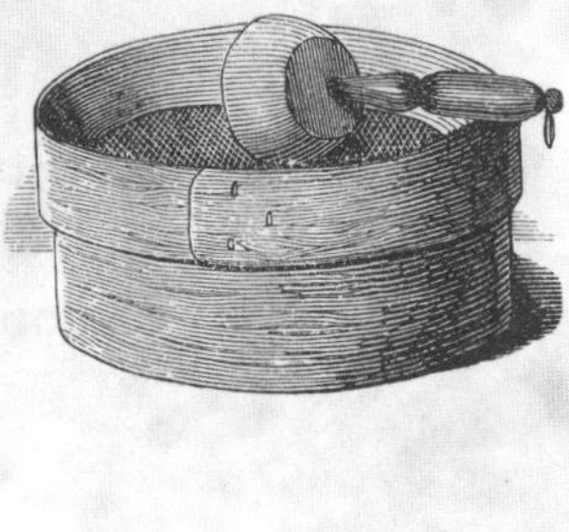

Spinat-Käse-Kuchen

Für den Teig: *150 g Mehl · ½ TL Salz · 75 g Butter · 1 Eigelb ·*
Für den Belag: *1 kg frischer Blattspinat · 1 TL Salz · 100 g Räucherspeck · 1 Zwiebel · 1 Knoblauchzehe · 2 EL Butter · 1 EL Pinienkerne · weißer Pfeffer aus der Mühle · Muskatnuss, gerieben · 2 Spritzer Worcestershiresauce · 250 g Greyerzer · 2 Tomaten, enthäutet*

Für den Teig das Mehl in eine Schüssel sieben, in die Mitte das Salz geben, die Butter stückchenweise hineinschneiden und darauf das Eigelb und 2 EL kaltes Wasser geben. Alles zu einem glatten Teig verkneten, in Klarsichtfolie wickeln und 1 Stunde im Kühlschrank ruhen lassen. Den Spinat waschen und putzen. Reichlich Salzwasser zum Kochen bringen und den Spinat hineingeben. Das Wasser noch einmal aufkochen lassen, den Spinat auf ein Sieb schütten, abtropfen lassen und sofort mit kaltem Wasser abschrecken; gut abtropfen lassen.

Den Räucherspeck fein würfeln, Zwiebel und Knoblauchzehe schälen und fein hacken. Den Speck ausbraten, die Zwiebel- und Knoblauchwürfel dazugeben und anbraten. Den Spinat und die Pinienkerne dazugeben und alles gut durchmischen. 5 Minuten bei milder Hitze dünsten und mit Pfeffer, Muskat, Salz sowie Worcestershiresauce würzen. 150 g Greyerzer reiben und untermischen.

Zwei Drittel des Teiges auf einem Springformboden (24 cm Ø) ausrollen, den Rand der Form um den Boden legen, den restlichen Teig zu einer Rolle formen und an den Rand legen, dabei etwas hochdrücken. Die Spinatmasse auf dem Teigboden verteilen. Den Backofen auf 220 °C vorheizen. Die Tomaten in Würfel schneiden und auf dem Kuchen verteilen, mit Pfeffer würzen. Im Backofen 10 Minuten vorbacken. Den restlichen Käse fein würfeln, nach 10 Minuten auf dem Kuchen verteilen und weitere 20 Minuten backen.

Schwäbischer Zwiebelkuchen

Für den Teig: *500 g Mehl · 2 Eier · 80 g Butterschmalz · 1 Prise Salz · ⅛ l Milch · 30 g Hefe ·* Außerdem: *2 kg Zwiebeln · 3 EL Butterschmalz · 50 g Speckwürfel · ¼ l saure Sahne · 4 Eier · 4 EL Mehl · je 1 Prise Kümmel und Salz*

Die Zutaten für den Hefeteig miteinander verrühren und an einem warmen Ort etwa 30 Minuten gehen lassen. Die Zwiebeln in Scheiben schneiden und im Butterschmalz weich dünsten, ohne dass sie Farbe annehmen. Danach die Speckwürfel kurz anbraten und mit saurer Sahne, Eiern, Mehl, Kümmel und Salz verrühren, alles mit den Zwiebeln vermengen. Den Hefeteig ausrollen und ihn auf ein gefettetes Kuchenblech legen. Die Füllmasse gleichmäßig über den Teig verteilen und im Backofen bei 220 °C etwa 1 Stunde goldgelb backen.

Spinatquiche mit Schinken

300 g Tiefkühlblätterteig · 1 kg frischer Blattspinat · etwas Mehl zum Ausrollen · 2 Knoblauchzehen · 100 g Tomatenpüree (aus der Packung) · weißer Pfeffer aus der Mühle · Salz · 200 g gekochter Schinken am Stück · 200 g Kuhmilchfeta (z. B. Patros-Feta von Hochland) · 5 Eier · 400 g süße Sahne · 1 TL getrockneter Oregano

Die Blätterteigscheiben nebeneinander legen und 20 Minuten auftauen lassen. Inzwischen den Spinat waschen, die harten Stiele von den Blättern schneiden,

den Spinat auf ein Sieb geben und mit kochend heißem Wasser überbrühen; gut abtropfen lassen und leicht ausdrücken. Die aufgetauten Teigscheiben aufeinander legen, leicht mit Mehl bestäuben und zu einem Rechteck in Backblechgröße ausrollen. Das Blech kalt abspülen und den Blätterteig darauf legen. Den Backofen auf 200 °C vorheizen. Die Knoblauchzehen schälen und durch die Presse in ein Schälchen drücken. Das Tomatenpüree hinzugeben und alles gut vermengen. Mit Pfeffer und Salz würzen und die Sauce auf dem Teig verstreichen. Den Schinken in kleine Würfel schneiden und zusammen mit dem Spinat darauf verteilen. Den Feta in kleine Würfel schneiden oder mit einer Gabel grob zerbröckeln. Die Eier mit den Quirlhaken eines Handrührgeräts schaumig schlagen, die süße Sahne darunter rühren und das Ganze mit Pfeffer, Salz sowie Oregano würzen. Die Masse auf den belegten Teig geben und zuletzt die Fetastückchen darauf verteilen. Die Quiche auf der mittleren Einschubleiste des Backofens etwa 35 Minuten backen; noch heiß in Quadrate schneiden.

Variation: Statt Blattspinat können Sie auch gedünsteten Mangold verwenden. Bestreuen Sie die Quiche 5 Minuten vor Ende der Garzeit mit gehackten Sonnenblumen- oder Pinienkernen.

Bunte Gemüsequiche

Für den Teig: *200 g Mehl · 150 g kalte Butter · 1 Eigelb ·*
Salz · Für den Belag: *1 große rote Paprikaschote · 1 große grüne*
Paprikaschote · 1 große gelbe Paprikaschote · 1 Bund frisches Basilikum ·
1 Bund Schnittlauch · 200 g süße Sahne · 200 g Frischkäse mit Buttermilch
(z. B. von Du darfst) · 6 Eier · weißer Pfeffer aus der Mühle ·
edelsüßes Paprikapulver · 8 Scheiben Lachsschinken ·
Außerdem: *Butter für die Form · Mehl zum Ausrollen*

Für den Teig das Mehl in eine Schüssel geben und die Butter in Stückchen dazugeben. Eigelb, knapp 1 TL Salz sowie 4 bis 5 EL eiskaltes Wasser hinzufügen und die Zutaten mit den Knethaken eines Handrührgeräts zu einem glatten Teig verkneten. Mit den Händen kurz durchkneten, den Teig in Folie wickeln und für 30 Minuten kühl stellen. Die Paprikaschoten und die Kräuter waschen und trockentupfen. Von den Paprikaschoten jeweils den Stielansatz herausschneiden, die Kerne sowie die weißen Trennwände entfernen und die Früchte in Ringe schneiden. Vom Basilikum ein Sträußchen für die Garnitur beiseite legen, vom Rest die Blättchen abzupfen und fein hacken. Den Schnittlauch in Röllchen schneiden. Die Sahne und den Frischkäse in einer Schüssel gut verquirlen, die Eier darunter schlagen und die Masse schaumig rühren; mit Pfeffer, Paprikapulver und Salz würzen. Den Backofen auf 200 °C vorheizen und eine Quicheform (26 cm Ø) mit Butter ausstreichen. Auf bemehlter Arbeitsfläche den Teig kreisrund und etwas größer als die Quicheform ausrollen, die Teigplatte mit Hilfe einer Palette in die Quicheform legen und den Teig am Rand etwas hochdrücken. Die Paprikaringe darauf verteilen und die Eier-Sahne-Mischung darüber gießen. Die Kräuter darüber streuen und die Quiche im Backofen auf der mittleren Einschubleiste etwa 40 Minuten backen. Den Lachsschinken auf der Oberfläche der heißen Quiche verteilen und das Ganze mit dem Basilikumsträußchen garnieren.

Tomatentörtchen

300 g Tiefkühlblätterteig · 3 EL Tomatenmark · 1 TL Olivenöl · ½ TL getrockneter Thymian · 1 Msp. getrockneter Oregano · weißer Pfeffer aus der Mühle · Salz · 400 g Zucchini · 500 g Tomatenstücke (aus der Packung oder Dose) · 8 Scheiben Raclettekäse

Die Blätterteigscheiben dicht nebeneinander legen und 15 Minuten antauen lassen. Mit einem Nudelholz unter leichtem Druck darüber rollen, sodass eine einzige große Teigplatte entsteht. Mit einer kleinen Schüssel acht Kreise von jeweils 13 cm Ø ausstechen. Aus den Teigresten dünne Streifen ausradeln. Den Backofen auf 220 °C vorheizen. Acht Tortelettförmchen mit kaltem Wasser ausspülen, die Teigkreise jeweils hineinlegen und am Rand gut andrücken. Das Tomatenmark mit dem Öl und den getrockneten Kräutern verrühren, die Paste mit Pfeffer und Salz würzen und auf die Tortelettböden verteilen. Die Zucchini waschen, abtrocknen, die Enden knapp abschneiden, das Gemüse in Scheiben schneiden und diese kreisförmig und sich leicht überlappend auf den Teig verteilen. Die Tomatenstücke auf ein Sieb geben, abtropfen lassen und über die Zucchinischeiben geben. Jedes Törtchen mit 1 Scheibe Käse belegen. Die Blätterteigstreifen gitterartig darüber legen und die Törtchen auf der mittleren Einschubleiste etwa 15 Minuten backen.

Variation: Tomatenstücke in der Packung werden im Handel auch unter der Bezeichnung Pizzatomaten angeboten. Wenn Sie keine bekommen können, nehmen Sie geschälte Tomaten, schneiden Sie sie in grobe Stücke und geben sie leicht abgetropft auf den Teig. Die Törtchen können Sie auch mit anderem Gemüse belegen, das schnell zu garen ist.

Tipp: Die Törtchen schmecken warm und kalt. Sie eignen sich als Vorspeise für 8 Personen und machen sich auch prima auf dem Partybüffet.

Apfel-Zwiebel-Quiche

Für den Quark-Öl-Teig: *200 g Mehl · ½ TL Salz · 1 TL Backpulver · 100 g Speisequark · 4 EL Milch · 4 EL Öl ·*
Für den Belag: *150 g durchwachsener Speck · 400 g Zwiebeln · 7 EL Butter · 4–5 säuerliche Äpfel · 200 g saure Sahne · 80 g Emmentaler, gerieben · 100 g Crème fraîche · 3 Eier · 50 g Walnusskerne, gehackt · weißer Pfeffer aus der Mühle · Salz ·* Außerdem: *Butter für die Form*

Das Mehl in einer Schüssel mit Salz und Backpulver mischen. Quark, Milch und Öl hinzufügen und alles gut zu einem geschmeidigen Teig verkneten; 20 Minuten kühl stellen. Inzwischen den Speck in feine Streifen schneiden. Die Zwiebeln schälen und in dünne Scheiben schneiden. Den Speck ohne Fettzugabe in einer Pfanne anbraten, herausnehmen und beiseite stellen. Die Butter in der Pfanne erhitzen und die Zwiebeln darin glasig dünsten. Die Pfanne vom Herd nehmen. Die Äpfel schälen, vierteln, das Kerngehäuse entfernen und das Fruchtfleisch in dünne Spalten schneiden, zu den Zwiebeln in die Pfanne geben und saure Sahne, Crème fraîche, Eier, Käse, Pfeffer, Salz sowie Nüsse darunter rühren. Den Backofen auf 200 °C vorheizen und eine Spring- oder Quicheform (26 cm Ø) mit Butter ausstreichen. Den Teig auf leicht bemehlter Arbeitsfläche rund ausrollen und in die Form legen, einen 2 cm hohen Rand hochdrücken. Die Füllung auf den Teigboden geben, den Speck darauf verteilen und das Ganze im Backofen auf der untersten Einschubleiste 40 Minuten backen.

Lauch-Käse-Quiche

Für den Teig: *200 g Mehl · ½ TL Salz · 1 Ei · 100 g weiche Butter ·*
Für die Füllung: *500 g Lauch · 2 EL Butter · 6 EL Weißwein ·*
¼ l Béchamelsauce (Fertigprodukt) · 100 g Greyerzerkäse, gerieben · Pfeffer aus der Mühle · Muskatnuss, gerieben · Salz · einige Butterflöckchen

Das Mehl in eine Schüssel geben, in die Mitte eine Mulde drücken und Ei, Salz sowie Butter hineingeben. Die Zutaten mit 1 bis 2 EL kaltem Wasser rasch zu einem glatten Teig verkneten, zu einer Kugel formen und in Folie wickeln. Im Kühlschrank etwa 1 Stunde ruhen lassen. Eine Springform (26 cm Ø) ebenfalls kalt stellen. Inzwischen den Lauch gründlich waschen, in etwa 2 cm lange Stücke schneiden und in 2 EL Butter dünsten. Den Weißwein dazugeben und den Lauch zugedeckt bissfest garen. Den Deckel schräg auflegen und den Lauchsud in die Béchamelsauce gießen, den geriebenen Käse darunter mischen und die Sauce mit Pfeffer, Muskat und Salz würzen. Die Lauchstücke auf einem Sieb erkalten lassen. Den Backofen auf 220 °C vorheizen. Auf leicht bemehlter Arbeitsfläche den Teig (3 mm dick) zu einem Kreis von etwa 27 cm Ø formen. Die Teigplatte in die kalte Springform legen, den überstehenden Teig an den Springformrand drücken. Den Teigboden mehrmals mit einer Gabel einstechen und den Teigboden im Backofen 10 Minuten vorbacken. Die Lauchstücke auf den vorgebackenen Teigboden geben, die Käsesauce darüber gießen und die Quiche bei 210 °C im Backofen etwa 20 Minuten weiterbacken. 5 Minuten vor Ende der Garzeit die Butterflöckchen auf der Quiche verteilen und fertig backen.

Tipp: Statt Lauch kann man auch Zwiebeln verwenden, diese müssen aber mindestens 15 Minuten gut durchgedünstet werden.

Pizza mit Auberginen

Für den Teig: *300 g Mehl · 20 g frische Hefe (ca. ½ Würfel) · ½ TL Salz · 1 EL weiche Butter* · Für den Belag: *400 g kleine Auberginen · 400 g Zucchini · 8–10 EL Olivenöl · weißer Pfeffer aus der Mühle · Salz · 4 EL Tomatenmark · 4 EL Tomatenketchup · ½ unbehandelte Zitrone · 1 Knoblauchzehe · 250 g Mozzarella · 3 EL Pinienkerne · 200 g gegartes Hähnchenfleisch*

Das Mehl in eine Schüssel geben, in die Mitte eine Vertiefung drücken, die Hefe hineinbröckeln und mit 125 ml warmem Wasser leicht verrühren; an einem warmen Ort 10 bis 15 Minuten gehen lassen. Den Vorteig mit Mehl, Salz und Butter verrühren und schließlich mit den Händen gut durchkneten. Der Teig sollte glatt sein, darf aber nicht zu fest werden; zu einer Kugel formen, mit einem Tuch bedecken und an einem warmen Ort 30 Minuten gehen lassen. Die Auberginen und die Zucchini waschen und abtrocknen. Von den Auberginen den Blütenansatz jeweils entfernen, von den Zucchini die Enden knapp abschneiden. Das Gemüse jeweils in ½ cm dicke Scheiben schneiden. Etwas Öl in einer beschichteten Pfanne erhitzen und die Gemüsescheiben darin portionsweise von beiden Seiten anbräunen; herausnehmen, auf Küchenpapier abtropfen lassen und mit Pfeffer und Salz würzen. Den Teig nochmals kräftig durchkneten, ein Backblech leicht mit Öl einstreichen und den Backofen auf 220 °C vorheizen. Den Teig auf dem Blech ausrollen. Tomatenmark und Ketchup miteinander verrühren. Die Zitronenhälfte waschen, abtrocknen, die Schale abreiben und den Saft auspressen. Den Abrieb und den Saft zur Ketchupmischung geben. Die Knoblauchzehe schälen und durch eine Presse dazudrücken. Das Ganze verrühren und mit Pfeffer und Salz würzen. Die Sauce auf den Teig streichen. Den Mozzarella abtropfen lassen und in dünne Scheiben schneiden; zusammen mit den Auberginen- und Zucchinischeiben auf der Teigplatte verteilen. Die Pinienkerne darauf streuen, das restliche Öl darüber träufeln und im Backofen auf der untersten Einschubleiste etwa 12 Minuten backen. Das Hähnchenfleisch in Streifen schneiden, auf der Pizza verteilen und die Pizza nochmals 3 bis 5 Minuten backen.

Tipp: Verfeinern Sie die Sauce mit 1 TL Kapern aus dem Glas. Kapern harmonieren geschmacklich sehr gut mit Auberginen.

Spinatpizza mit Mozzarella

Für den Teig: *125 g kalte Butter · 250 g Mehl · 1 Ei · Salz · Fett für das Backblech* · Für den Belag: *1 Knoblauchzehe · 500 g Blattspinat · 2 EL Butter · Salz · Pfeffer aus der Mühle · Muskatnuss, gerieben · 1 Ei · 1 EL süße Sahne · 250 g Mozzarella*

Die Butter in Stücke schneiden und mit dem Mehl, dem Ei, 1 EL Wasser und 1 Prise Salz zu einem glatten Teig verkneten; falls nötig noch etwas Wasser hinzufügen. Den Teig zu einer Kugel formen, in Alufolie wickeln und 30 Minuten kühl stellen. Für den Belag die Knoblauchzehe schälen und fein hacken. Den Spinat waschen, verlesen und in einem Sieb abtropfen lassen. Die Butter in einem Topf zerlassen und den Knoblauch darin anschwitzen. Den Spinat hinzufügen und 3 Minuten dünsten; mit Salz, Pfeffer sowie Muskat kräftig würzen und abkühlen lassen. Den Backofen auf 200 °C vorheizen. Das Ei mit der Sahne verquirlen und unter den Spinat rühren. Ein Backblech einfetten und den Teig darin ausrollen, dabei an den Rändern leicht hochziehen und andrücken. Den Spinat auf dem Teig verteilen und die Pizza auf mittlerer Einschubleiste in den Ofen schieben. Den Mozzarella abtropfen lassen und in Scheiben schneiden. Die Pizza nach 20 Minuten damit belegen und weitere 10 Minuten backen.

Rezeptverzeichnis